## Introducing PuzzleWhiz: Your Weekly Brain Boost!

Are you ready to supercharge your brain, sharpen your mind, and have a blast doing it? Welcome to **PuzzleWhiz**, your ultimate companion for weekly mental challenges that are as fun as they are brain-boosting! Designed to keep your mind sharp and entertained, PuzzleWhiz is the perfect way to unwind while giving your cognitive skills a serious workout.

## Why Choose PuzzleWhiz?

- **Fresh Challenges Every Week:** Each issue of PuzzleWhiz Word Search is packed with a new set of thrilling puzzles, No two weeks are the same, keeping you on your toes with fresh challenges designed to engage and excite.

- **Scientifically Proven Brain Benefits:** Did you know that solving puzzles regularly can improve memory, enhance problem-solving skills, and even boost IQ? PuzzleWhiz offers a fun and engaging way to keep your brain active, with puzzles that are scientifically proven to benefit mental health.

- **Perfect for All Ages:** Whether you're 8 or 80, PuzzleWhiz is designed to challenge and delight every puzzle enthusiast. It's the perfect way to spend quality time with family or enjoy some well-deserved "me time."

- **Stay Ahead with Monthly and Yearly Subscriptions:** Don't miss a single issue! Subscribe monthly and get 4 exciting issues delivered straight to your door—or go all-in with our **Yearly Bundle** of 52 issues, including a special edition that you can't find anywhere else!

- **Exclusive Special Editions:** Our annual subscribers receive a **Special Edition** packed with bonus puzzles, expert tips, and exclusive content that takes your puzzle-solving skills to the next level. This edition alone is worth the price of admission!

## Your Subscription Options:

1. **Weekly Thrills:** Grab your PuzzleWhiz every week and enjoy fresh, exciting puzzles that will keep your brain buzzing.

2. **Monthly Bundle of 4:** Save more and stay ahead of the game! Get a bundle of 4 issues delivered each month, ensuring you never miss a week of mental fun.

3. **Yearly Subscription with Special Edition:** The ultimate package for puzzle enthusiasts! Get 52 weeks of PuzzleWhiz plus a collectible special edition that celebrates the very best of brain challenges with exclusive puzzles, brain-boosting tips, and more.

**Don't Just Play—Train Your Brain with PuzzleWhiz!**

With PuzzleWhiz, every week is a new opportunity to challenge your mind, improve your cognitive skills, and have a blast doing it. Our puzzles aren't just games—they're brain workouts designed to keep you sharp, focused, and ready for anything life throws your way.

**Why PuzzleWhiz and What does it offer?**

PuzzleWhiz isn't just another puzzle book—it's your gateway to a world of endless mental challenges, creativity, and fun. Whether you're a seasoned puzzle solver or just looking for a way to keep your mind sharp, PuzzleWhiz is crafted to be the perfect companion for everyone.

Here's why PuzzleWhiz is the best choice: Puzzles are more than just a pastime; they are powerful tools that challenge and stimulate the human mind. From word games to number challenges, puzzles engage cognitive functions, enhance problem-solving skills, and boost mental agility. Research shows that engaging in puzzles can improve brain function, memory, and even delay cognitive decline, making them invaluable for people of all ages. Below, we explore a variety of puzzles and their specific benefits to the human mind and life.

---

**Word Search**

A word search is a puzzle that requires players to find hidden words in a grid of letters. Words can appear horizontally, vertically, or diagonally.

Word searches are simple, yet addictive. There's nothing quite like the thrill of spotting a tricky word hidden in plain sight! From quick 5-minute puzzles to deeper, more challenging hunts, this book will take you on a journey through themed words you'll love. Grab your favorite pen or pencil—let's get started!

**Importance:** Word searches improve pattern recognition, vocabulary, and spelling skills. They also enhance visual scanning and focus, which are critical skills in everyday tasks. Studies have shown that word search puzzles activate the brain's language and memory areas, contributing to cognitive resilience (Smith, 2020).

**Tips to Tackle Word Search Puzzles Like a Pro**

Here are some tried-and-true tips to help you master these puzzles:

1. **Give the Grid a Quick Look:** Skim the puzzle first to see if any words jump out right away. It's a good way to get the momentum going.

2. **Start with Unique Letters:** Words with unusual letters—like X, Z, or Q—are easier to spot. Zero in on those first.

3. **Think in All Directions:** Words can run vertically, horizontally, diagonally, or even backward. Stay flexible!

4. **Mark as You Go:** Cross out words once you find them—it keeps things neat and avoids confusion.

5. **Use the Word List for Hints:** If you're stuck, go back to the word list to break it down. Look for starting letters or clusters.

6. **Take Breaks if Needed:** Don't get frustrated, sometimes stepping away and coming back with fresh eyes makes all the difference.

7. **Watch for Overlaps:** Keep an eye out, some puzzles are sneaky with words sharing letters!

## Why Word Search Puzzles Are Amazing for You

Solving word searches isn't just fun, it's actually great for your brain and well-being!

- **Builds a Better Vocabulary:** You'll learn new words and strengthen your spelling without even realizing it.

- **Improves Focus and Attention:** Word searches train your brain to focus, ignore distractions, and stay on task.

- **Strengthens Pattern Recognition:** Spotting patterns in puzzles carries over to real-life problem-solving skills.

- **Relieves Stress:** There's something incredibly relaxing about getting lost in a good puzzle—it's like meditation!

- **Keeps Your Brain Sharp:** Word searches keep your mind active and may help prevent memory loss over time.

- **Encourages Quick Thinking:** The more puzzles you do, the faster your brain gets at finding solutions.

- **Brings People Together:** Whether you're competing or collaborating, solving puzzles with others makes for great bonding moments.

This book isn't just about finding words—it's about finding joy, challenge, and a sense of accomplishment. Each puzzle offers a mini-adventure, and with every word you find, you're training your brain to think sharper and faster. So what are you waiting for? Dive in, enjoy the hunt, and watch those words come alive!

Happy puzzling!

**Subscribe today and become part of the PuzzleWhiz community!** Weekly excitement, monthly bundles, and yearly specials await. Don't miss out—your brain will thank you!

**References**
- Smith, A. (2020). The Impact of Word Search Puzzles on Cognitive Function. *Memory and Language Journal*

# SUBSCRIBE

**PUZZLEWHIZ**

Name:

_____________________________________

Address:

_____________________________________

_____________________________________

Postcode: __________    Phone: __________________

Email: __________________

**Subscription**

Weekly ☐   Monthly ☐   Yearly ☐

**Please fill the form and send it by email to:**
**PuzzleWhizPub@gmail.com**

Payment Information will be sent to your email and phone.

# Puzzle # 1

```
K A T A P Q L E N T I L J Z K B U M K S T J T
Z L D T E F N D V O W M C P C E N J E W W X A
X D B S A I X S P B G Y G H O O Y U Z F F N Q
E A H U W X L B P Y A N X N L W Y N A S E W Q
O I T I X G U M B G T K Y R B J G W X J E C W
P I Q A S C B O T N L P L T H L E D A T I C B
I S N L I K A T W C O K R X Q D K I F Q O F E
S P C T P R N S N O I T I D A R T B Z I Y S
L Q V R S C M J T L V Z T E D X I M E L G L E
E O Z I C I A M Z O K K X P D W O V N V C A T
S T A B I P D J O D U C D O M E S T I C R R B
S R B U P H O D T Y A C N G S U M R W L R K Q
E A J T E E R F Y V B D H N A J S N Y H M Z Y
V C N A Y R N Z A X J W L E I Z Y N W A L L S
A T T R E K M T K F N L E O L Y M Z O W L W M
W O V I Z W E E P J O C F G G A O I C C U X T
J R X E E D N V N V M E L O D I E S Z X J J A
A B C S C N T A O T L I S X O R N A M E N T D
```

| | | |
|---|---|---|
| TOMBS | ADORNMENT | ORNAMENT |
| CARTOUCHE | DOMESTIC | TRACTOR |
| WALLS | SHIP | EPICS |
| EARLY | SILT | LENTIL |
| BLOCK | GOLD | SAIL |
| MELODIES | TRADITIONS | KILNS |
| CITADEL | TRIBUTARIES | CONSUMPTION |
| CIPHER | EXCAVATED | VESSELS |

# Puzzle # 2

```
T L J P I F Z N X V V R M A D O R N M E N T S
B D S B Z H B H D W H O S B G A O L B D E Y T
S A N D H S O X T Z O Y T A N P O I M H W M I
E Z M N I N T J Y L Y A A T C I F N Z G U G U
C M U E J S B A R G C U T T O H W K O H T H R
A D L C M S C I T O Z H U L K S H S S N R F F
L D O E E V E O V I H H S E D N B N N T I E N
K S C G E H B S V X O E D O C A T C Z F O P Q
C V D X Q M K G I E M N W E N M M E V V V C E
E Y Q O S B G A Q T R U S G P S J I N F R I E
N S V F O M E S H Q E I L N I T B G F T E I L
X O R A Q F Q I H I R E E D G F L A E B S T E
F N Y E B V F O I H S C L S G A K A Z T E O T
F G P O G P Y G O L O E A H C R A K N A R S S
J S W Z A A E H B Z N E O U H C D Z C R A R D
R L W B U O L J G C E M E T E R I E S I N R T
S M O Q A Q I J F Y R Y M I T Y X L C W U M S
N X M T R Q O L Q Y Y O G B Q Y U Q U P W T A
```

| | | |
|---|---|---|
| ARCHAEOLOGY | BOWLS | STATIONS |
| RESERVOIR | COLUMNS | REGAL |
| FRUITS | STELEE | NECKLACES |
| STATUS | HEIRLOOM | BAZAARS |
| CEMETERIES | DISCOVERIES | BATTLE |
| FOODS | CODE | SONGS |
| LINKS | ADORNMENT | CRAFTSMANSHIP |
| SITE | BANGLES | TENTS |

# Puzzle # 3

```
E E N I W R Y D L S H Y Q D H Z S U U I S Z Y
C S H Y R L C E P U W H P D I S U S V N W Z C
Z U N R I S C U C L S E G N A H C X E I F G L
Q O S N T G R C A C H E D E I F I T C N A S I
N R F R E T V S W J C Z P X M C C P H D E U A
K E A G N I O C J R S D B L D E I I X F Z U U
R S S N C E V K S D I A G O C W I D D V F T J
E R Y I X N E U S I T U R S P I N N I N G C E
J A H D R O K S N E S T N E M U N O M D J F I
R X N L I R G R V E I E C A F S L Q B T F T Q
Q K K I O H I E E J T R Y W Y D A L T I R B J
D S V U Z T B L B K V T O M N E M O R I Q P B
S Y H B X A J U G X I F B L W L N E B Z U U J
S E D I L P K R S L R O H W G T P U V W S L U
Z W N A P I U B I S L U U D Y A T V Y S O D K
W M K O T O N B L S N K J B E A Q I G G C O R
W O E V B B O G R A C C P R R F E R T I L E L
T P F F K M B J H O L Y B Y Z W Q P S T X B E
```

| | | |
|---|---|---|
| INFER | RULERS | HOLY |
| EXCHANGES | MONUMENTS | SANCTIFIED |
| GLORIES | SPINNING | WHORLS |
| BONES | REAPER | DELTA |
| SHIP | CACHE | CARGO |
| THRONE | WOOL | BUILDING |
| BALAKOT | TRIBUTARY | FERTILE |
| ARTS | SYMBOLS | MOBILITY |

# Puzzle # 4

```
Y I L M Y T L J O O A G Z T X B I G X O I B Y
C J D I C J F Z T N N R D E F E N S E S F A C
P R G L N S L P P Q E A S W T V W N J T H R N
U A A C T N O N K V M R U A M V V Y H E O T E
D N P N M O G Q I A A C O V R H N J L H U E R
S P Q B V I O R N F W H I U O J C F G P S R R
D A B F D T G V K O I I C C M B I H E O E I U
W T N N D A R S P J B T E H B A R T E R S N C
S T R M U R A L S V Y E R A D R I Q C P N G S
Y E O F L E M G H J X C P A I Z Q N M C V U D
A R G P S N S O O I J T I B S I H L Q N R V E
W N L F G E M N U M N U M A C U L V X Y V X A
R S V Z N G A A S X P R E N O G M O P Y K G G
E C Z G T F R S E D P E S E V X K A F L T K B
T P O W E R K I H Y H S R J E I P J S A I L U
A V N N J V E T O K V O K A R H G B Z Z J N N
W R P T G Z T R L P C P O U Y M O H E E P A M
K P M W Y V S A D H E W D Y J U K S L U R T Q
```

| | | |
|---|---|---|
| DISCOVERY | PATTERNS | CURRENCY |
| MURALS | ARCHITECTURES | CORE |
| ARTISAN | LOGOGRAMS | SEMI-PRECIOUS |
| HOUSEHOLD | HOUSES | RIVER |
| CLAN | MARKETS | DEFENSE |
| PROPHETS | PAPYRUS | CHAABAN |
| BARTER | POWER | BARTERING |
| GENERATIONS | WATERWAYS | SAIL |

# Puzzle # 5

```
R N V X X S V A X S H D V C R A L M P T B Q T
E T L B C T M R E T Z C W W K M W E K P Y P R
T O B X Y N A B A N A H J I V Y J D G R Y Z E
R M S L G E R B U E L H L P V Q O Z C E T N P
A V U L Z M R M B M L J V R H X M H N C N W F
B L W G H N E O J R W E D N E G E L S I E D O
U P K M S R M H T A S O L V E N T V T O M W S
S W N D F O N E T G F F C M Q A X W N U T K E
G E M N U D A N D C E I R Y K C C V E S R G C
R F C Z Q A N J X F S E E M A B X A M C A X I
A L B I Q T T O K R T L A M Z G R G U K P N F
F M R A P A S D M I I D T N I C R O N T M A I
F P H T E S O A V H V S I E H Z Z U O M O B R
I M E J A S H R Y D I W O P W S M Z M C C W C
T F Z R J L U O F S T A N A L F C Q R B H G A
I K S Z Q O E V C Q I F S J O W K T O R P E S
G N I R I F Z S C E E C I T A D E L I Q A G S
P R O S P E R I T Y S E P Y T E H C R A I L E
```

| | | |
|---|---|---|
| MOHENJO-DARO | FIRING | SPICES |
| TALES | CITADEL | PROSPERITY |
| PRECIOUS | COMPARTMENT | MONUMENTS |
| CREATIONS | BROOCHES | SACRIFICES |
| GRAFFITI | LEGEND | SOLVENT |
| GARMENTS | ARCHETYPES | LEGENDS |
| REMNANTS | FIELDS | FESTIVITIES |
| ARCH | BARTER | ADORNMENTS |

# Puzzle # 6

```
X M F H L U S T N E M U R T S N I G J L A N I
A I J X B D K G R A Z I N G R V P O G W N M R
O R X X T S S H E L T T A C C R E D D A C C C
B I M O E G Q T S H V H M P P M V S X A Z S Q
X W L O R H U B T N O I T A C I D E D G S T X
D I O S R O Y H N J Y G A S E C I V E D V Q Q
H C D C D V G T A D A E S N O I T A D N U O F
H L E A O F B G D Q G Q H J I F K B O J I H A
T H R R M Z T R N Q E M P B H P G U K E R G Z
Y P I V I T A L E S S T W W R R J M Y H A Z A
Q U P E N C S H C A Y V C B A I S Z T K O U W
D Z M R A V I G S D D S Z L G E C T Y Q M K R
G J E S N S L S E Q M S Z H I S E M R L J O E
Z E F F C B V A D E N O T S H T F N C O B X H
B E R D E R E M K L U Q B R K X I X W V P I U
U D U L X T R K L K L T G Q A S P I R I T M V
J K U P A S N A V A R A C V R S F E I L E B I
Z Y D K J D N H S C J S G N I R E F F O S T G
```

| | | |
|---|---|---|
| FOUNDATIONS | DOMINANCE | GODS |
| INSTRUMENTS | SPIRIT | ARMOR |
| BREADS | DESCENDANTS | IMPORTS |
| BELIEFS | DEVICES | OFFERINGS |
| TALES | RAKHIGARHI | VOYAGES |
| DEDICATION | CARAVANS | SILVER |
| STONE | CATTLE | CARVERS |
| PRIEST | EMPIRE | GRAZING |

# Puzzle # 7

```
D D H T U K G A Z Z A J K W O Y D G U N V V A
J C U F C S I C B M J R F R D B V R P O Y Y D
H I E R O G L Y P H S J Z S A V I L L A G E S
R T U Z C Y G L H C X Q Z F D T I R W Z X B E
I U T G N I D R E H C K E Y U X L W X A D B O
J X E J Z D H I S T O R Y A G Y K A D G K V K
K P B B L O C K H G J B L M R D R A I N A G E
M L A P A W S S T H O S O K S K F W M Y Q U K
I S H M M X C W R D U T E O E I R O T N H P Q
Q T P A A B I K B Y S X M H M L J Y J Z Y J Y
X E L T R T T Q F U Z J N K A N C I T O X E N
R K A S K G I L C F D Z U H G P L U M B I N G
V N O G I K L N O C A P P A R A T U S E S W M
W I D P N N O S T V I G F T R Z X B Q H D R W
K R R L G M P G E J E N C S T N A H C D J C N
J T E T O T D T A R C L O T H I N G T W Z G L
M Z W F F G G D T Q E E A C P L D O R R W C G
H U D I N S E G N A H C X E I N C Z C N R F V
```

| | | |
|---|---|---|
| HISTORY | HERDING | ALPHABET |
| KILN | RITUALS | TRINKETS |
| EXOTIC | BLOCK | CHANTS |
| DRAINAGE | GAMES | MARKING |
| APPARATUSES | VILLAGES | PLUMBING |
| CLOTHING | HIEROGLYPHS | CUSTOM |
| POLITICS | ALTAR | EXCHANGES |
| STAMP | GOLD | ICONIC |

# Puzzle # 8

```
R E X P A N S I O N J H W R Y C Z T S A P T N
I W D C E D L S Y E F F E S H A P E S E S X R
T A U O S R A U M N U I T T T G V T T C M O U
O P Z E T H E D O G D V A I O B P S T X E T M
E O Y G A J C N N L Z Z E I B Y U O D W H L J
C S Q R M K N I O E I S O U A S U L Y T S Y N
J Z B T D H O S C O R W M B K C M J M M Q F Q
C O Z T W F C Y E W V U L M O N U M E N T S K
R Q O U F B R Z C F Q U H G O E K Z Y S S S Z G
H A N D C R A F T S T H N Y R S M Y R C R Y U
G M U R E F N I U I H I E M P I R E L U E U H
T R G Y P X L S O M T K K P I O U I X L L G Z
Q A O O W S Y N B N W N C W N I L J W P E U X
E A B U I C S U A O L H H X Q N I T D T W E M
O N U L P Q X H A X O I W T J J W Z B U E Z G
M T X D E I C W X G X W Z K L Q D F K R J Y K
Y L W O B T N U Q S E Y W I W D O S L E S M F
I R E K G I S G R O G R A C P X T Y M S D R T
```

| | | |
|---|---|---|
| AGE | CHANTING | STYLUS |
| TIN | TABLETS | SOLDIER |
| JEWELERS | ABLUTIONS | MONUMENTS |
| ECONOMY | SHAPES | CONCEAL |
| HANDCRAFTS | INDUS | CARGO |
| GROUPING | TEXTS | EMPIRE |
| INFER | EXPANSION | MATS |
| BOWL | SCULPTURES | HARBOR |

# Puzzle # 9

```
N Z K L A H I N P R E P A R A T I O N N W P H
T J Y G A N W E R I W A L A F O C R O P S L G
Y F I T M B N O I T A Z I N A B R U A S B G F
A R C H I T E C T U R E T Z A K E A E K A S A
G L Y Z D R Q L L U K S S T R E E T C N Q A Y
G S I R O X E J G M Z S K U B O N M M L K C I
I M S K Z M H P I J S N O I T A R B E L E C K
M S E E D B A H S Y B R S J W H V E O T I S W
R W I L P E B G Y O Q X T W H E A T F X R B G
Q A L X B M R J I M R C E N W D Q D T H D U R
S C A D V K X N T G L P W U C R B C V T R U A
R U M H S M C H J E W E L R Y Q A M F T Y T F
B L O H I E R O G L Y P H S D F T L U A V R F
M D N N N V A O G F D D V A E W H V B R D L I
V L A S M W S S H L L C I T A M G I N E Q W T
Q Q E Z A E A G O R L E R X I Y D O L R D O I
R G U F J S G Q I N P A P R F P W C J X Q L O
E D Q A F V Q E J D E I G A U S Q E R K G F Y
```

| | | |
|---|---|---|
| DIGS | CROPS | SEASON |
| ORACLES | CELEBRATIONS | SEED |
| URBANIZATION | WHEAT | VAULT |
| ARCHITECTURE | FLOW | PREPARATION |
| ARTEFACT | GRAFFITI | ENIGMATIC |
| INCENSE | STEW | HIEROGLYPHS |
| GANWERIWALA | PROSPERITY | STREET |
| JEWELRY | SKULL | ANOMALIES |

# Puzzle # 10

```
S J N P E K Z G O B F S O F Y W M A A F P J T
N W G L Z H J R K X E F X S N J Q L T B P F P
B C I D N Q D I D L I S P Y T U N E S C A M K
V Y S I O B I V B R V I V R O G A G Z Q J U S
E K E T R V E A S B O P R O S P E R I T Y C E
N P D Y B Q F M W T F Q U T H O X U J H V U L
I T W H P L Q H I S X G U E A C D D Z T T N G
V S E N I G M A T I C E R K F E D P S R B R K
I G L G L D B N M Z I D T D X A E E O A D E S
D I G H G E S D U S Z P X G B E T R R I E S N
R D N P R C O L D A I M P O R T S F A N H E W
A L I O I O G E B S E S U O H U I O T S S R W
A K D H M D G S G M W E C L S B S R O Y R V U
H U L H A I Y Q W X U Q M J Z M N M R C E O M
L M O G G N X Y S O H R Z P I I O A Y O T I E
W B M C E G B A R T I S T I C T C N Q H A R H
L X Z F S T U W N O I T U L O V E C H Z W T R
Q Y L D A C S M P Y A O O F M P H E X L J W E
```

| | | |
|---|---|---|
| DIGS | RAINS | TUNES |
| ARTISTIC | FABLES | ENIGMATIC |
| HANDLES | CONSISTED | TEXTS |
| BRONZE | PROSPERITY | ORATORY |
| MOLDING | RESERVOIR | HERD |
| WATERSHED | PILGRIMAGES | DIVINE |
| IMPORTS | EVOLUTION | DESIGN |
| HOUSES | DECODING | PERFORMANCE |

# Puzzle # 11

```
S E N U M M O C E V A Z M V M U S P P Q X F L
X C Z B D R J K S I S K A H C I N O M R A H F
P K O K V M U P D T A G P X S Z U G K Z Y I G
E J V L H T N U L H I R N P M E N H F I B E V
Y G O L O H T Y M L O R L I V U N B J E S D D
W D Z J M S A A F P C N I C L A M U L E T S E
S N O I T A R O C E D C O P Y L M Z T E N L T
C I T S I T R A L C J S P R S X E J U C E E I
W V I P T C S L I S S O F D P R D W R L M R R
M H C N O I S N A P X E U N N H I E D A U U E
A T Y C S E I T I D O M M O C T C L N M R T H
T R I P G U L H F Q P J V I E S I B P V T L N
S S E M I P R E C I O U S T A Y N A M H S U I
H S D I I S T A T I O N S A V L E T O E N C S
L S J J J R G D V I E K M E V S T O Y I I T O
K A N N O T A T I O N Y X R D G F P E Y A E H
Y Y A S B F W Z M V A J R C F P H W V O X K P
J N W E G N O C D E T B W W K E R K B Q W T M
```

| | | |
|---|---|---|
| FOSSILS | TUNES | STATIONS |
| HONOR | DWELLINGS | POTABLE |
| CREATION | ANNOTATION | INSTRUMENTS |
| CULTURE | DECORATIONS | MATS |
| MYTHOLOGY | AMULETS | BOATS |
| ARTISTIC | COMMODITIES | COMMUNES |
| MEDICINE | EXPANSION | SPIRITS |
| INHERITED | SEMI-PRECIOUS | HARMONIC |

# Puzzle # 12

```
I M F L A C I M O N O R T S A O B G S N Z T I
I C A I T R P I N H E R I T E D L D O U S R I
X T O I B Q H H U R E S E R V O I R I A F D F
K E H N O R V W A T R I N K E T S I E C Z U A
D K U V I S E I F H Z A D P Y N W F D V G U M
K R I V D C E Y T E W S K V L V X H T O U P Y
P A A G C B L T R I B U T A R I E S V I B S Z
T M S E B I E W N K S H L I T E R A T U R E Q
X Z A R D J T A L A R U T C E T I H C R A T O
O E C O R U S N B G T C P B R V S X J B T I B
C K R U D X S D Z F O U D H M T O M X W Q R V
G L E T R X R E K A K H U W O D D K N Q B Q O
O V D E O Z E R L P E I K R O M O R Q R E B Z
R X J S E V V I R C N C A I M O U N D A V C K
Q R L Y Y D R N J B S G B I T I F F A R G V U
W J N V O S A G D G E M Z I E G N A H C X E N
Z D G S X S C R L S Q L T G A Y U D T R I C Z
D W A A H W O K T F U N O I T A V A C X E I C
```

| | | |
|---|---|---|
| EXCAVATION | FEAST | EXCHANGE |
| INHERITED | ASTRONOMICAL | ARCHITECTURAL |
| FIBRE | LITERATURE | GRAFFITI |
| MARKET | TRINKETS | SACRED |
| RESERVOIR | MOUND | ICONIC |
| STORAGES | ROUTES | RITES |
| TRADE | TRIBUTARIES | CARVERS |
| STELEE | TOKENS | WANDERING |

# Puzzle # 13

```
B C S W E A P O N S C I T O X E H R F L J W P
F J C C N X T P K O S E X I J C S C G L A O E
A B L M A T H E M A T I C A L Q T K E Y V D C
R G V B M W S K I Y N X Y T O Z U U V V G A E
C E L T F N S L S E Q F L U R L O E O U S E S
H N I O Y P O B R T L I B I N E Y Y L O K M E
I E F O I R B I K F P U J G A Z A F D L C Q Q
T R E L S L O W T E G U R F M Z L E X C I B M
E A S S E W A U H A B R A D E D J U I E R I L
C T T T R I B U T A R Y O Z N J Y F D S B J W
T I Y I P B R E R O C T H U T R E I L E T A U
U O L Y U A I M E H E D S F P J Y L V K A M Q
R N E M L D O C U O S Z L I U A V Z X Y R Y T
E S U L Z K N S A H L B U Q N F M E B D T S B
S A I X C U M O F U E U V N H I I E I Q I T E
J V F J K K N S C V M D P S Y W M H K Y S E I
S Z Y S R O B R A H A W C M O Z E D P F A R S
Y W M A A C Y R S R C M E H R X N W A X N Y N
```

| | | |
|---|---|---|
| MYSTERY | TRIBUTARY | MEADOW |
| EXOTIC | BRICK | SAIL |
| LAYOUTS | GROUP | WEAPONS |
| TOOLS | CORE | RULE |
| ARTISAN | ARCHITECTURES | LIFESTYLE |
| VILLAR | ATELIER | GENERATIONS |
| CONDUIT | HARBORS | ADMINISTRATION |
| ORNAMENT | MATHEMATICAL | CAMELS |

# Puzzle # 14

```
C I A M Y I S I H S V K Y T I N U M M O C F Y
N C E A S F X W F L H P B M H T P K O A D G B
C K L Y J S R E R A F A E S O D E R O L I S V
F N W B H L O Q F M E H O Y N B G I R B K I L
I W Y S A W E U H Z W L L S O G N I C P E N K
F S U T A R A P P A V K H P R Y I C K Y K S T
E M F C T L L I O E Y H J Z I Y R B C Z M C R
F E M A G V F E N I W Y L C R C I V Y V I R Y
T G A R D T D T Y A K S O K U F F F L G D I I
I D G V D X X R P N V I V Z R L D I E O P Q
A I B I T A W S N F D C O L V K C R M O N T E
H I R N R U I R R E X L G E N I I L I L G I F
A S E G E G G R C M R O L V G L L L T O I O F
S U V D E D C O Y S R I R I Q M R L Q G S N I
F T I E N N D S T N E M U R T S N I A Y E H G
E E R J H E S K C O D E Y L D A M C I G D F I
X F Q C A L P T A J K P U U R O U T E S E A E
I S R T X E O N L V Z E G N H F G I G T K S S
```

| | | |
|---|---|---|
| VILLAGES | FIRING | EFFIGIES |
| ICON | INSTRUMENTS | SOLVENT |
| BARLEY | ROUTES | CARVING |
| GEOLOGY | DESIGN | INLAY |
| INSCRIPTION | HONOR | DOCKS |
| COMMUNITY | RIVER | TREE |
| GEMS | APPARATUS | DAIRY |
| DECODE | LORE | SEAFARERS |

# Puzzle # 15

```
P Q D C A R G O C Y N E U Z S K D K U I U J K
B J R F G B C O D E H I Y G S E D H O S B P T
B N Q Z Q K T A L D O R A W T Y K X X L E K T
J K C B I R V N P R O H L Q V K L W B L U A H
D E R C A S H G S V A L K Z Y T S L D A M G M
S E T U O R M I I U T T G K J R E W A W J R L
U K S S P O H S K R O W L J Y C V P S W S S Y
B S Q D D E M N T K U Q G A P P I C U I R W O
A M K Y N Q Q I V X A B B W F D T K T H T L U
D Q C X Q E G S L A U T I R N I A R G C T E K
V F I P G F G B S G O D B A H G R L S J Y M S
N O I T A T S E M Y T H S W W H R I R A O G F
M C W D W X G Z L S S L U Q C S A N N T I S E
S C S I V M X X D H N Z Y Q P S N Z O G P K R
K H G U E T I O T G P H J D J N I H L X R Q T
Y G T S D Q S Z T B W C R O D C J B O J A H I
S R I A W N X E C A L P T E K R A M J Q L H L
H G C X O Y I M E O G N I T I R W O A I U R E
```

| | | |
|---|---|---|
| MARKETPLACE | OATHS | STATION |
| RIB | WRITING | SITES |
| ALTAR | CODE | MYTHS |
| RITUALS | FIRING | WORKSHOPS |
| WALL | IVORY | GRAIN |
| WALLS | ROUTES | NARRATIVES |
| INDUS | FERTILE | SACRED |
| INSIGNA | LEGENDS | CARGO |

E C R E M M O C J M P V A G E S S H S C M W J
X G S E L B A F Y V S I I I T E H O V P A Q E
Q E M A I S E M A H V G B J K G T H A O S E E
G N B F G M S V S S Z M Y U R A I A E W O P L
Z U S U P E W D W Z C O Q Z Y Y M B T A N R Y
J C D I L Y A U F Q S A C N E O S G W M R U T
H F R W K M B C P Q M E F D G V E E S B Y K S
F E U Z O R B E R S C E E B O F A B R I C A E
M N D N L W U R I M H T A Y D I T M D T H N F
Y D S E A L H E E H R S L L S Z F V Q A S X I
T R Q X S E O M S U O I T Q S P G F I G I Q L
H U K T E V T O T K N T F X F O D Q R Q F S Y
O R K P T Y E N K G I N K M I T E G T G W R T
L T O T Z S X I I N C E N I S T V V A Q I R P
O L Q L U Q T A N R L I U Z H E I F C A M D E
G A R A A V I L G W E C Z W I R C O D N A L B
Y L N J D V L J V S U S Y E N Y E N P P W O Z
G R R H P U E S W N M Z A T G C S B L F S F E

| | | |
|---|---|---|
| SCIENTIST | DAIRY | GODS |
| MASONRY | COMMERCE | VOYAGES |
| FABRIC | FISHING | CHRONICLE |
| PRIEST-KING | DEVICES | CEREMONIAL |
| SEAL | EMPIRE | NOMADS |
| FISH | MEALS | MYTHOLOGY |
| POTTERY | VALOR | SMITHS |
| TEXTILE | FABLES | LIFESTYLE |

# Puzzle # 17

```
T R I B U T A R I E S G R A N A R Y L S W V G
T J G V E K F Z L E E X H W I D L R U T N P W
W R A W C B K W X G R E K O C K V K N R G N W
R C H Z P V U C A F T C C G H N J X G U Z K C
J J S C A I A M I I S A J X A B X P F C D X V
M P W B E V I B S X N Z I P N D A Q E T W A L
W E E P A R C S Z R O O M X T E E M B U K M C
T K N T G A K E S T I R E M S I V S D R R S E
A T I L S U F X D J T Z T D G K D P A E F N O
S O I E L T U V S T A T U E T T E N O I T O F
N P N L H Y M N S K T L M T M K R V I J L M F
L H M O E O S E Z G N I S P K I S W J F U I E
N M D B P I C W D L A L F L I T N L T R D J R
T T Z I I S T E Y Z C Z T U N M W E I V R B I
R O D X C E I S A H N D O C D A C N R W G V N
P A P H S J C L K N I L O S P N D I U J G C G
Q S R E V R A C K O G N I N N A L P G B H W S
M L C Q K E S V M S S P O R C D N S W W B M O
```

| | | |
|---|---|---|
| EXCAVATION | SCULPTED | OFFERINGS |
| EPICS | STRUCTURE | CROPS |
| INCANTATIONS | MINER | MERITS |
| PLANNING | POT | PILGRIMAGE |
| SKULL | GRANARY | OCEAN |
| CARVERS | SILKS | CHANTS |
| FIND | TRIBUTARIES | HYMNS |
| SITE | STATUETTE | SAIL |

# Puzzle # 18

```
R F O G I R M A R K S N O I T A V A C X E O Z
I F W X N M Z P R O S P E R I T Y P E N D T N
V G M Z H I G W T B A V C M K B D Z P G E V S
N V W B D L N H E H V M J M O I E D I R H F F
C R O Y O T S N O Q S O E F L S M V I A S Z G
A A I R S V F S A I Z D G R A N A R Y N R E N
T U I A T Z P I L L A R E D C B K O M A E M I
O E M Y A J C O W Y P W X X I Z S Z E R T I B
S R Z B E L B V Z A N N Z I M X R P G I A C I
Y W A Z M M R E B B B R H J J O Z E K D E W C R
L V G D Y D O Q L I T N E L N E L C I S D B C
J B Y S O N R P P L N Q W Y O A E Y I U C H S
H U C L Z J Q A E B O W L J R K W O N Q B Q N
X V N W P U N A I R D E S X T W E J O D C F I
C N N L L J X E I N I G R C S T J R A N O Y B
U M Z Y C M C S H A C O D D A B E E P Q R C E
S T I R E M I A A O F P D H A M D H E N E A J
P F Q C K J P C P L M U L I F U G C C M R M E
```

| | | |
|---|---|---|
| MOHENJO-DARO | MEAT | INSCRIBING |
| PILLARED | GRANARY | GLORIES |
| JEWELERS | BOWL | ASTRONOMICAL |
| PERIOD | GRANARIES | BOAT |
| MERITS | DRAIN | PROSPERITY |
| LENTIL | SYMBOLISM | EXCAVATIONS |
| PLANNING | WATERSHED | MAST |
| MARKS | DEAD | CORE |

# Puzzle # 19

```
Y R T S E C N A Y B S P W S Y P G F X E T E Z
T S Y A W R E T A W T N X L B E N G N T E B T
P F U H B G G F C B C A J W L H I O N I L O R
S T R U C T U R E S E L Q M J N V Q L S B P R
Y W V A A X F E L K J P I A T A R T S I A V V
R P R S T J A V A D B H Q W C Q A W O U T Q P
A S W O E K C P P J O A K R A M C R E Q J J S
N E K E L F V E P L A B Z T S S R Z L X Z Y E
A I D I I S N U A T P E G Y N L A G D E Q I P
R R W A E G G M R X H T I Y O V F P N H L L I
G E B Q R D W R A P Y L C J I S T C I O Y U P
C V C O N N E C T I V I T Y T T L T P Y E W P
A O T M G B S P U E M C F J A R H N S P V P P
B C J K X W E X S Z N F N C V O R C O W B X Q
Q S Q W J H P H W E Q G N Q A P E J B A R N S
D I M E O R E H C W I I B F C X J R K L D U L
M D R N E C K L A C E S E Y X E Z E A C I O H
T I G S W H I S T O R I E S E Y I Z C R Y A I
```

| | | |
|---|---|---|
| STRUCTURES | EXPORTS | HERO |
| NECKLACES | CRAFT | APPARATUS |
| MARK | SPINDLE | DISCOVERIES |
| STRATA | PIPES | CARVING |
| EXQUISITE | CONNECTIVITY | BARNS |
| ALPHABET | ANCESTRY | WATERWAYS |
| GRANARY | ATELIER | TABLET |
| OBJECTS | EXCAVATIONS | HISTORIES |

# Puzzle # 20

```
I E C N A V R E S B O O R Z Q F W T A K F T V
A L F Y J E C N A D I U G Y M E G A R O T S B
D T I G A O A G R I C U L T U R E T C T Y Q U
M M C O D T S N O O S N O M S E T N H R R W E
I Q L L M A P M D S O I C E E N E X I A K S U
N Y A O P Q E I S I T U X T N I V L T D S T D
I P S E M F E P R P Y Q M L I P Q P E I M G I
S Q L A T J T E D C U C D D R J Y C C T O X S
T Q T H S R Q K Z I S Y Q E H Q W A T I S H E
R T V C D L Z O S E M U A R S O A R U O D V R
A N E R I P A I M Z O P N C M P T A R N J W F
T B S A S I T E S T N Y F A P N E V A A Q A E
I A O P P E E P M Y U C V S M V R A L L S L J
O M K C I E L K M A M H K N T L S N R V E L C
N I N I W R E E P Y E G R O U P I N G G J K X
R H B K J I I W I Q N T U R U L E R E F B P T
M I N E R T M T U E T M T M Z N H N J N H G N
G B Z P I Z J D K D S V N U J N D H G H L L C
```

| | | |
|---|---|---|
| ARCHAEOLOGY | GUIDANCE | MEALS |
| MONSOON | SPIRIT | ARCHITECTURAL |
| GROUPING | STELEE | EXQUISITE |
| LEGEND | WATERS | SHRINES |
| RULER | AGRICULTURE | CARAVAN |
| OBSERVANCE | MANUSCRIPT | STORAGE |
| RESIDUE | ADMINISTRATION | SACRED |
| MINER | MONUMENTS | TRADITIONAL |

# Puzzle # 21

```
D T F Y D E H O C Z V O B D N T G M H S T J J
K A P S R G D S Q Z A D F F E A T H E R W P V
L C E I S W O B L D R E S E R V O I R S L V A
K A I T R H M L Q V T B C T U Z R S B A S T E
L G A W M C E R O C W P U R F O S K I X F A D
A M O J Z S S K V C U N L F T Z I N G E U S J
P R U P R S T U B G E X T S O T S P F Y L S W
V M U V R M I M N S M J I S E P I C E R T U L
W E B J W E C I O A D H O I N L A A F K L R M
Z A H M L G A S Z L M O N U M E N T S U P Y S
E L I J D O T K L N D H P R E S E N C E J P E
Q S F X O H I E Y E T I A G N I N N A L P A B
S K B T Y L O Q L I S J N R F X I M B L F P I
I O Z C A Z N Y A E Q S K G A M S L E M A C R
G X E V U J S L M A S T E R P I E C E S P T C
N V G X S R R F B V B M I V T V C C P Z T A S
S M B P H A D Q Y L E W W W E W X I Q Z R G I U
W F C E C H Q U C G J Z L C R G Y W C T T W Z
```

| | | |
|---|---|---|
| PLANNING | RECIPES | FEATHER |
| SEAL | MONUMENTS | HISTORIES |
| MOLDING | MANUSCRIPT | RESERVOIR |
| CULT | TUNES | DOMESTICATION |
| STAMP | GEMS | VESSELS |
| CURD | SIGNS | PLAINS |
| SCRIBES | PRESENCE | MEALS |
| PAPYRUS | MASTERPIECES | CAMELS |

# Puzzle # 22

```
F H L V N L C Y S K G P W M C V Y J H R C Q M
S F S C U L P T O R S L U R K A A I N L A Y V
E T P A Z F W X Q L D J Z H R L O E N V T W X
S L I C U J T B Z B V B C D O O U F P Q Q F H
M Y D U H C I V Q M I N E R G R G S V R E X L
E D Y F D W D V M A N U S C R I P T Q K I S I
T X E C U N O R A D O J N E H O M X Y X T E D
S D E I T Y O Q P S T A T U E T T E U N I U R
Y E A Y K S U C A J X F D R H C K T A U N J Q
S N I L A C I M O N O R T S A V L N Z F D T W
H I J R S C R I P T R O N H Q V M O D N V E K
G Y Q H E Y Z Y E D O C Y C Q E N K T P G Z H
U B M V M V X F O K L J V J R X N W E H X Z I
O Z E S X N O T O K E N S S N I A R A F I E U
L T R A V G E C N A N I M O D Y H I J I H N A
P Y Z W N N E Y S D P B K G M Q L H H G J Z G
U G S K U S T P C I C O M P A R T M E N T X C
P E N W W A J C F S D I N S C R I P T I O N S
```

| MOHENJO-DARO | RAINS | MANUSCRIPT |
| DEITY | STATUETTE | PLOUGH |
| INLAY | CODE | DISCOVERIES |
| INSCRIPTIONS | DOMINANCE | CLOTHING |
| MINER | SCRIPT | CONDUITS |
| BEANS | TEXTS | TOKENS |
| REMNANTS | SYSTEM | SCULPTORS |
| COMPARTMENT | ASTRONOMICAL | VALOR |

# Puzzle # 23

```
O X Q D K M F E V Q A C Z I N T F O B T P W G
N L G L T P U K Y E A Q K W Q O A H O L G E G
C M E I F J N O I T A R B E L E C C V U B T L
D R R O D R G N I R E D N A W D T P K L S U V
B I X S Q D R O U F S E Q Z K Z B O F E R L P
D O M I N I O N S C H D D P N S F N W T X F S
S L I S N E T U C O I D E T F A R C O A Y A K
U N G L G V H H P N P T Y D I G H F Z R B R E
J S S B F O U K R S S A T H W O S M E V F L
E S L Q V R O Q I U F M R T R E H D V T L D E
W T N F N G G D E M M O T E A S X L X I W C T
E F J I N R N U S P D T I X G V I A O L O H O
L A Y E Z O Z A T T C S S T I I I I M N P B N
E R Y L V G F P K I E U T I H V Y X C I A K R
R C W D C H N X I O W C I L K R V E X T N W W
S M P S O F E E N N K D C E A H A V L S K E I
F Y Z J Q H N H G R W S O S R L K M Q U D F D
Z S T R U C T U R E S J S Z Q P U S P H J B R
```

| | | |
|---|---|---|
| STRUCTURES | FLUTE | TEXTILES |
| CONCEAL | RAKHIGARHI | SOIL |
| CONSUMPTION | CUSTOMS | SKELETON |
| PRIEST-KING | FIELDS | ARTISTIC |
| GOODS | CRAFTED | SHIPS |
| CELEBRATION | JEWELERS | LITERATE |
| EXAMINED | DOMINIONS | CHURN |
| CRAFTS | UTENSILS | WANDERING |

# Puzzle # 24

```
P C P Q S S D V N C R Y P J E X S N F I N D Q
T X M N T R E F S H I E R A R C H Y N B P F I
K P Y X R L C G X Q T E D O L V V Y O Y P C K
A O E C Y C O D Y R U U Y W T J L W I B E Z L
K T L Y E Y D S C H A R G N K I E Y G C X O O
B D F I B B I D T K L I L Z Z M R B I G P T G
K V O J N N N R Y E L X H V L R Y R L A L P D
F H S H I O G Z W Y I B A C M F Z Q E F O E S
A T S E U C S E B B A K F W D U H Y R T R Q N
N Y I J D G J T Y N C H A M B E R L S A A S O
M K L E X B N K G F M S M H B V R N L D T Y I
W O L E G Z X C L R V A E A B H M Y L A H I P T
J T B M B I E L K E T Q N R E F I M N J O W A
A S M I H S C H O U S E S J R P Z N A C N N R
B I B O L S B M X G L X X O D U I B C T T F E
R O R P H I C H A N T S R E I N D E E R Z L N
O T J P I C T H Y Z A K W M N P B T Z B M Y E
D S Z B P F H Y F A M I N E G L Y J S T O G G
```

| | | |
|---|---|---|
| EXPLORATION | HOUSES | TEXTS |
| FAMINE | RELIGION | TERRITORY |
| RITUAL | CHAMBER | BANGLES |
| LOST | DELTA | MATS |
| HIERARCHY | FOSSIL | REINDEER |
| JEWELRY | DECODING | CHANTS |
| FIND | CANALS | HERDING |
| GENERATIONS | PILLARED | MOBILITY |

# Puzzle # 25

```
N S O Q C V Q Q U R I Q X H Q T P Y V S N M U
A H W U I Z C V A O W A P H E R N R H F C O I
E F I Z R H N R X L R K S Y G L R E V D R T Q
L S E E Y O M Y Q A X F Q Z N E A D I U U I P
B D F R A O Z P B V N G Q K A T S I O C I F D
A O S U R C I T P Y R C U Y H T L O D Y N S H
T H E G D A X Y B O W L D B C E A R S T S A H
O T L I L S Z S Z M Q N Y R X R U B S T C R K
P E C F I W D O M G A P V I E S T M V S A E R
U M H C J V W U S G W R H C W U I E B I P A V
Q R K P M Y M O N O C E K K F V R G M T E T N
E L I O R N A M E N T Z L E K S N X Y N C E T
E R R I E U S F L T C R E A T I O N S E U L C
G C C T V H O U S E H O L D O P A I P I I I L
H T F M W I I O J L K Y R H E Z L J L C S E N
Q U S K X F X S O B D M P J T I J A X S D R R
Y K X X K S I K U A O W F P P C S Q C P I H G
Y P T K W V P X Y T U B G T T C S X H E S P V
```

| | | |
|---|---|---|
| RUINSCAPE | ATELIER | LETTERS |
| RITUALS | CREATIONS | POTABLE |
| EMBROIDERY | MOTIFS | MARKETPLACE |
| ANCIENT | SICKLE | EXCHANGE |
| BOWL | HOUSEHOLD | ARMOR |
| METHODS | TABLET | BRICK |
| SCIENTIST | CRYPTIC | ORNAMENT |
| FIGURE | ECONOMY | VALOR |

# Puzzle # 26

```
C D R X X Z G D B S U O V K Z U D M O X T M W
A U V Z V V E Z Z S H Q R L V M C N S Z W I W
T F A M K N R O T C A R T J U I P K E T U W I
A G J W I C R E A T I O N S S Y C D V H L B Z
R M Y M R E Z D E H A S R E T A W Z I O A B K
T Q A O Q U J P G M B R K M P I S O T W C U M
S X A D P D G P A W S A V A I F P N A O I A F
E D K Q A O K E S T L S Q R R D I O R M T I P
S B Q Q R Y B J S V O E S I C E N U R S U K S
I K U B K H V J E C K D Q T S N D V A X A J C
J K Z O U T G H M Q O K E I S O L O N S N O M
S N A E B I W O C O V T A M M I E K E R B X F
H R Y N Q Z L V F T O Y H E A T V E U L P P A
F E M U R D K D R Z Q T V S I A D L N N I V B
A S R O T P L U C S Y X X S U T E H N T G B H
R T Z L J V Z N V H D N F L S S S X B S B H K P
T J L A I E T W R R G S T X V I Z V R R O G A
T V R K V P I Z V Z F F J R S W T R G Q Y H G
```

| | | |
|---|---|---|
| STRATA | RHYTHMS | ROADS |
| NARRATIVES | EXAMINED | TRACTOR |
| BEANS | MESSAGE | STATIONED |
| CREATIONS | WATERS | MATS |
| FEMUR | SCRIPTS | SEED |
| FOODS | MARITIME | SPINDLE |
| ART | RULE | SCULPTORS |
| VAULT | BUILD | NAUTICAL |

# Puzzle # 27

```
C F R X N O I T A R T S I N I M D A T B C J A
W O D A E M M B J W N E O T P N P K W N H V G
N S M R G B Z Y A I L Q B R L O P F D O R S P
Y L Y S E A Z V F P C D D R N G C M Z O O P M
E F N B L T A E M K H L Y E K A J X U S N W Y
L K H U O T M E V U N K N O W N M B W N I O U
W I Q K Z L T Y O P O W E R Z A S E Z O C L M
C X T A Y E D S P I R I T O T M S K N M L F G
Y S U N U L E S D C S V S Y S A K L S T E E R
D O A H E M T D J E S K Y K S H B J T J S G U
U K C U Y L N A K B C V M F Y S V W E W E T G
B Q S A J U I O Z O S K B I Y M W U E A J J S
C S I P R D A R X A T R O B G E P B R S C L P
N Z Y D J A P C I A O D L R G S B J T L X E B
S M G T E N V P P J A Y I E M S T T S G Q Z J
J U S G N I V A R G N E S J B A G A P U R U I
B O P T B N J G N V S L M Z I G K T A O B J U
S E G A L L I V I E W H V Z L E K C O J Z M L
```

| STREETS | MEADOW | LENTIL |
|---|---|---|
| SYMBOLISM | KOTDIJI | UNKNOWN |
| PAINTED | BOAT | CHRONICLE |
| SPIRIT | ADMINISTRATION | FIBRE |
| MESSAGE | ORNAMENTS | BATTLE |
| FLOW | ROADS | SHAMAN |
| VILLAGES | POWER | TEMPLE |
| ENGRAVINGS | MONSOON | CARAVAN |

# Puzzle # 28

```
Q Y N T H N U L F K F J A U G Y K K S L R L Y
S K Y I Q D M D F S O X U E T C Y F E D V A X
R Y L B L Z Q N L E T T E R S O D D C E D Z N
E H A U F A C U S E I D U T S D I U N Y X Q O
V Z A S S R F O M F P M Z E G I A X E L U M I
R M J M L J I M A A I B S G W C G S S A Z S T
A Y V K I S R E Y J A Y Y T J E R Z E U A Q A
C R E Y S E I T S K G P A S O S A T R A H H E
X T Q Q N C N N Y Z R L Q F Q U M E P U S C R
Y S C V E I G E O S I Z N P Z J M A I Z E O C
D E C Z T T W M G Z C H E B C S P B S E H Z N
U C Y J U C O A K C U S T O M T W Z E E Q L N
E N D V T A U N G Z L X H M W A Z R O I J F I
P A D R M R X R J T T O P Y B T T D A D O M E
Y J K T V P A O U D U I H I P I D L U O D U J
A J B H W I N N E A R T H E N O R E H L E N E
P N X S N Q E Z I U E I X Q D N P K E S G V I
W U X S U S M E S D Q N F H L S E X P F Q L P
```

| | | |
|---|---|---|
| PRACTICES | SEASON | CARVERS |
| CUSTOM | STUDIES | TUNES |
| GRAINS | LETTERS | ANCESTRY |
| AGRICULTURE | EARTHEN | CREATION |
| TREE | MOUND | FIRING |
| MAIZE | STATIONS | HERO |
| IDOLS | DIAGRAM | ORNAMENT |
| CODICES | UTENSILS | PRESENCE |

# Puzzle # 29

```
S P U Q L F D F K Z D W A B Y E H T G V B S A
M J H V P A M M G A E E O U F R C R A F T E D
L Q G T S Z H O I H A M V T R Q A E G G W D I
O J O T L A R P F G T Y A I Z L S N R Y K U I
O F V O B A N T Z N A T R I C N T S A F L U G
W P C R C U E C A B E Q G L L E Z A G R X O J
N J W L I Y K W T S M G V A K J S W U B G B L
O T E M E T S Y S I U P C Q C H A N T I N G L
S S B W S Z H V E R F I E S E A S O N S C B S
M E A L S S A Q A R T I E G O V E R N A N C E
I A T K V L X T E A N J E O U S H Y F A P Z L
H R G I O D S H M I R Q W D A C O N S O R T S
T G P R R T P E R R F E T I S I U Q X E P T B
A S W B G I H B X G D K A C D O D Q L B J B Z
I U Z W C T T R D Z C O D I C E S B B Q T P H
O Y T K A P A I F B O G V X Q R L D F Q V N T
S G T M Z I C C Y F C T H N G R A N A R I E S
W A E W A L J K W Y U N P L A Q U E D Z D M N
```

| | | |
|---|---|---|
| ZIGGURATS | SEASONS | CONSORTS |
| RITES | GOVERNANCE | DEVICES |
| GRANARIES | CIPHER | PLAQUE |
| GRANARY | WEALTH | MEAT |
| CODICES | MATHEMATICAL | SANCTIFIED |
| CHANTING | MEALS | CRAFTED |
| BRICK | SYSTEM | WOOL |
| ORACLES | EXQUISITE | VALOR |

# Puzzle # 30

```
X V A X B N W R A L H X S G W L M N J T Q H G
F E M R V X T P A F Q L L E I H S K M F J E M
T E R R A C O T T A I W D P C E L P C I I B P
P E C O N O M Y K A F V R F Q I P V K J R S Y
E N I M A F Y K S K I C U H V N D N A B R U H
E O T D X J M S U J N P M A B B T O P O R A L
R I Z K V U F L R R D X Z H C R G N C M E C D
U T O D H M S O G N I P U O R G A J L H A V J
I A Y I G L A D G M T P W U N W D V S G G X K
Y M X G F S L I K R M S U S L A T E L I E R U
J R Q C E Q T T A C M X H E A E V R F R P K J
W O H P D E J D R P W E M H B S X W Y H M B V
M F I X U M I E B Z I Z A O T R O P S N A R T
X P F D G T A B O V A D V L N I P A A F E R A
Y T I V I T A E R C Z K B D S X I P J E S P W
V I U O I F M J S F E L I T X E T A E C V V L
Y T N O G M W P I J Z J D E T I R E H N I O V
I S N U Q R J C T R A D E R S K H A E O J N R
```

| URBAN | FISH | TEXTILE |
|---|---|---|
| ORAL | ECONOMY | PIPES |
| CREATION | TRADERS | TERRA-COTTA |
| FIND | GROUPING | MEALS |
| INHERITED | FORMATION | ATELIER |
| CREATIVITY | TRANSPORT | FAMINE |
| HOUSEHOLD | DRUM | TRADITIONS |
| CODICES | IDOLS | SAIL |

# Puzzle # 31

```
N Y R S V G X P G H A R V E S T L J W D R W A
N L I C L N R R B X P I U G D E T P L U C S Z
L N L I U I F W Z F C J N S C H A M B E R D L
Z P W T K R T O S G J I T O V D S W Q P J I A
X D S I A E P R H S R R Y N O I T A V A C X E
E T F L Z D N R B I E N V U C T G N I D L O M
B T W O Y N B O F D C P W O R S H I P M T S A
K D N P V A W W I U C G Z O L P V T Q N D E A
U L C N N W X E C T Y E R W P D N S E Q S R C
L E J B N R U H C L A W O F H E E C G C A U S
D T N D E S Q E A H Y R C D M C I H N O N T D
K N M W F P J S X R K R O T A F D M I L C P D
J M U Z K E M P S S E E R L I P E K V U T L U
Z U Y O Z A M T H A E A K N P K R A A M I U I
Z A L R M R M O T W P C G C B X D H E N F C Q
P H O K T S P I Q M E A T N O R E F W S I S Y
S Z H A S S O W O N M K K G D L N S U D E A N
Y S A S Q N A C I N V M P B H V B Z R S D M B
```

| | | |
|---|---|---|
| EXCAVATION | FIRING | SCULPTED |
| COMPARTMENT | SCULPTURES | SANCTIFIED |
| CHURN | WORKSHOPS | NECKLACES |
| EXPLORATION | HARVEST | CREATION |
| BLOCK | COLUMNS | SPEAR |
| HOLY | WORSHIP | CHAMBER |
| POLITICS | MAGNIFICENT | MOLDING |
| WEAVING | MOUND | WANDERING |

# Puzzle # 32

```
Q Z A Z P L R X D D W S M G S E S B M Z O Y J
N L S F F H J C K D T M V Z N I C K S T A M N
A Y E T K G Z D E E K Y Y A O C I I C D Y E T
V X I G D G O U H U I C O S I M L Z H W D E I
I R D N T H C P S O L U F A T H E A Y B A H D
G S O I F Y O R F I G L Y D I E Y D N Z D N N
A E L N C R R E O I K R E S D C R B X O E E U
T I E N P Z L N J R R B N A A I I I M B N H O
I G M I N P E J O B O I E U R Q Q I E S F T M
O I E P S S Q I Z S A O N E T D N A Y S F R H
N F U S S B P S K R A M X G N I P F C Q C A S
L F Q J S C W M G K M M K E O Y V S C T I E N
C E M E F A P H H P A Z H N S G A L H Q H S A
A R C H I T E C T U R E S P L B H Z A Z I N S
H L H R Q L N W O N K N U U A C V F A W D E I
E F N T X L C V I B D C X F R D M Z B O D K T
I T L T J U A W N K E N F T U U D C A B E O R
N R S E Z L R X D J K M N Z M U O N N M N T A
```

| | | |
|---|---|---|
| LIONESS | GRAINS | MATS |
| MURALS | ARTISANS | FIRING |
| MYSTERIES | MASONRY | TOKENS |
| HIDDEN | EARTHEN | SPINNING |
| TRADITION | MOUND | DOMINIONS |
| PROPHETS | NAVIGATION | CHAABAN |
| ARCHITECTURE | MELODIES | EFFIGIES |
| CLAN | MARKS | UNKNOWN |

# Puzzle # 33

```
K K W S Y T I U Q I T N A S B X R R V W J H P
U C C Z I W E T A C M Q R M B X E S Q G I O S
M A S T E R P I E C E S S F S U Z S R H R I H
S T V A U B Q S C K K A M K S J R S J R H N K
R B B P W U B T E M D G E D Z E B J I X E S I
O F X L H A L A R H L L W A T P V D R M E C F
B Y X P L I A T E K E U S N X C G L N G R R U
R Q B A P A C I M T N V I C D E N M G C A I Y
A F K M T E I O O I H A X I S L E W E J I B G
H O J S Y C M N N M P L D E M Y A P Q G N I G
T R Y J B K O S Y H M L J N G K W N L I G N E
I Y T M J S N H W Y A B L T Y R E T S Y M G J
N S K A H H O T B M R R E L I C S K H Y Y M N
L K Y O W X R A V N K A M O F Y Z U F U C V E
A W N V J P T B M S A I A S T C A F I T R A K
Y O B E Z O S S T R O P M I S N M U L O C O N
R V S T A X A P O R K M F K T P U N Z P D C D
D X X Y N W K Z H O R J M Y M A B O W L S C X
```

| | | |
|---|---|---|
| ARTIFACTS | HYMNS | SKELETON |
| IMPORTS | MYSTERY | PORRIDGE |
| STATIONS | ANTIQUITY | COLUMNS |
| RELICS | PAINTERS | MARK |
| JEWELS | ASTRONOMICAL | BOWLS |
| CEREMONY | HONOR | BATH |
| ANCIENT | INLAY | INSCRIBING |
| MASTERPIECES | BALAKOT | HARBORS |

# Puzzle # 34

P I D Z C H P P K Q O F K L M K S R V W B K S
D S D Y O A G R H M W R O U D Z D O U Q I X L
U R A I N F A L L L B D G R X C G D R E A D N
W E L V E T O J T I B J U S T S W N B S K I O
A G R E T R A B T M H C J P H E C E E U I S A
D E K P I W D S P S N A I E Q U X G A T O C R
S N O I T A R O C E D N R A L Q J A N R K O C
Y J F R R R Y G B I G N O R V I E K S T J V H
R K H L E I T T S T N O M Q E N S T C X G E E
O J I O A X P Y T I I T X K K H T U Y Y M R T
V T Y J M P B D U D R A U J O C E S H M H E Y
I J I R Q E F T D O E T E C U E L L H P B G P
D S D A E B S Z I M D I W G M T E I Y A M N E
C O N S O R T S E M N O S P U E E J H X O B S
G N I W O S I O S O A N R C W S A P N G G H F
Q U V S I Q U I X C W D X C G I L L A U R T X
G H F D U G T F S O Q S Q Z D A H S S S Z H D
O O Q T N A I L A V X K L Y R E D I O R B M E

| DISCOVER | RAINFALL | CONSORTS |
| ALPHABET | SUTKAGENDOR | SPEAR |
| CURD | HOMES | STELEE |
| BARTER | TECHNIQUES | EMBROIDERY |
| ANNOTATION | BEADS | VALIANT |
| DECORATIONS | MEALS | ARCHETYPES |
| STUDIES | SOWING | BEANS |
| COMMODITIES | IVORY | WANDERING |

# Puzzle # 35

```
L U W Y W N J A X L Q B M O L B U R H L H C C
A H C S L T R S O F J U H K W Q T E E G Y F W
B Q N M S S N U E J A N T I Q U I T Y V M C J
I T O A V E C P N I E W K R S G A L F D I N G
B S D R X D D A I R Y M Y S T E R I E S G R L
F S E K B E Y F V H I D D E N T H T L C Z R H
L U P I C R P S I A A Q G Y U L R N H E Q V F
B A F N N L T P D H K Y S L J O E E G M R R K
H H I G R O H A R V E S T J Y X I L X E E J N
W D D T N E M A R T E F A C T P Q S E T I R M
K G E E N G K E K X H J T O G G H N G E B Z K
F Q S V D E N A R L U J I Z O N E H N R J H X
B E R R L O D I E E L Z O D I A C R A I X O D
D H I Y H O C I H B C D N M A U H Y H E Y G L
G C C L U Q S Y S S W C S U C N Z M C S N O O
Z Q I N E C P N Z E I E V S B W K M X K A L J
R P K P M B R A U Z R F R I A B T Z E V P P M
V R P L E V G X H S U N J C S B C Q U X D Z M
```

| | | |
|---|---|---|
| HIDDEN | ZODIAC | MUSIC |
| GLYPH | ANTIQUITY | RESIDENTIAL |
| ARTEFACT | RIVER | RITES |
| STONE | DAIRY | FISHING |
| MARKING | BEAKER | HARVEST |
| MYSTERIES | STATIONS | CEMETERIES |
| CEREMONIES | LENTIL | DIVINE |
| EXCHANGE | BELIEF | UNSOLVED |

# Puzzle # 36

```
Z E H S N K N P Y S R E M O N O R T S A L W G
H L V H A O O J V Y M U E R S U T A T S E Y G
L I H P I Z I Q B N J A S L M C I S I X G T G
I T L Y L L G N A A R J D S G R H I D Z N H I
A R B L C C I H Z E Z U M G G O K A N G I R N
B E L G T N L V A C L I O S R S G E N T S M T
U F O O Y E E G A O K R S P A T L H F T N Z Y
R H R R V R R Z R J R Y F Y N E H C V W A R B
T Q E E G O V E R N A N C E A L P A P E E B O
S S E I R A T U B I R T N H R U H C D D L C S
K T V H O S Z Y I H Z F F B I M O M I O C U H
V M R D H E F Q A D Z H D K E A D O Z N N W Q
C G T U D Q Y E J M P C O K S N R C U S T O M
B I R O C M U G I M V A U O U B U L Z Q F W V
F S V O P T R W H L R T N E M E L T T E S Q W
D Q S I C C U Q P Y E Q Q E Q X N R M C B M I
F Y S H L T G R I S Y B K U E C P Q S K C M S
E V M U R D B A E O F Y S A B O U V I L X L J
```

| | | |
|---|---|---|
| STRUCTURE | CHANT | EMBROIDERY |
| AMULETS | RELIGION | CIVIL |
| CLEANSING | LORE | GOVERNANCE |
| BAZAAR | TRIBUTARIES | POT |
| CACHE | STATUS | SOIL |
| DRUM | HIEROGLYPHS | ASTRONOMERS |
| BELIEFS | FERTILE | GRANARIES |
| CUSTOM | SETTLEMENT | OCEAN |

# Puzzle # 37

```
Y V T Y R O V E I R R I G A T I O N S L O N H
X P E R F O R M A N C E Z C A P U L E J O X L
R S O I P R W I V A J T E S G A E D Q I Y A G
E N F D Q R V T B B E L T S Z S O E T B N E C
Z T R K N E G U S U C U D E S S B C W O Z A V
E Y F K M O X Q U Q X G V E I H E O I C R Y S
G N C A R T O U C H E J V S E T C T U R Z T K
A U K B D V O R I X R F F I O W I G A S X I P
N C H C N R W N J Q W L R R H D D N Z E T T F
I B H L F R U E A W B L P E A Y G E U C Q N B
A S D A E R B C N R O B E R C E D I T I Z E P
R Q C I M F D F H O R L T F D H G K I F N D I
D L H Q N B F C M F N A I E A H C Z S I A I F
O M M Y S T E R I E S U T R G I X T W R J R R
F I G H T X W R I A K Z A I Q Q I P H C H Q C
G L P X F T B H Y A C P E Z V U T S M A D A Q
S E T T L E M E N T P M B Q R E S Q X S C V O
S N R V R P H A E A J D D F V C S S W T D A Q
```

| | | |
|---|---|---|
| HARAPPA | IRRIGATION | BREADS |
| CHAMBER | ARRANGED | VESSELS |
| WHEEL | SACRIFICES | CRAFTED |
| TIME | PROTECTION | FRUITS |
| CARTOUCHE | SETTLEMENT | PERFORMANCE |
| HEIRLOOM | MYSTERIES | NARRATIVES |
| DRAINAGE | FIGHT | CURD |
| IDENTITY | BELTS | TRADITIONAL |

 **Themed Word Search Puzzles: Issue 14**

G E M P Q I V O Q S Y Z C Y N O L I H M K L S
H I U X C N R Z X V X T C E I O A C E W A R S
I F L O J A F H M A G N I F I C E N T N H L
L R N A Q F O N O I T A C I N U M M O C W S O
G I S D W E O S W B G A T E Z K G D P J T J B
C U B L X A H F E A T H E R J M Q I L C M Z M
U R I I C O N D U I T S K A S S T H G I F L Y
Z L E D D Z L A D N W H I K R O U T I N E B S
G L E B A U G U B V V C E B O P E O T K H B S
V C I X X N T Y W I X L W U N C O V E R F O Y
U R A D A F C N P S E S P I R I T S X B L P S
H E W V J Y W E P T Z L R E T T O P S V S E F
U G L F I E I R O N G X Y X Z P D H E N L L D
I G U U K L Z N G E M Y S T E R Y N Y Z A O V
B H I O M D L M S T Z P X V W V T J Z Z D S E
H F R J L E V A T R A D I T I O N U C L Y V V
F H D U W P E Q R R E T A W P K P V C L I Y N
H M K K L W N T T J S T Y L U S E R D N K S O

| | | |
|---|---|---|
| BANAWALI | VILLAR | POTTER |
| COMMUNICATION | WATER | FIGHT |
| PLOUGH | ROUTINE | RIB |
| UNCOVER | CONDUITS | GUIDANCE |
| FEATHER | SYMBOLS | ICONIC |
| PUZZLES | SPIRITS | SKELETON |
| MYSTERY | SOLVENT | MAGNIFICENT |
| STYLUS | TRADITION | TENTS |

# Puzzle # 39

```
R D X E K Q V S C Z F I N H I E U I L Q S N Q
B E O C H A M P I N B R O O C H E S J Y C R O
J L L M L R M N S T N E M E L T T E S C R A D
O N E I I N X P J K F C J I G K O O V G I M A
U Q A A C N O F S C I R H D S V L G F Q B G E
X N S X G S I N R I G P K E S D L O M D E V W
T W G A B G A O N N Z Y V N V H S C M H S X Z
F Y I Q J B U C N N S Z S T H Q H Y N U L M U
J Y A R A D S H G S P C X I Q L L A F N I A R
O O R A V Y R E L Y E W O T F S W G Y T O U C
R H H O N X T Y N Q A A N Y O E Z N V A K R G
X C M Z T K W I Z O R W A Q F N G P O M O L D
K H D I Q A Y P A W B Q X C V U L C L P K B O
U Q I M T D R X I I Q X O I D M M S S K L Z D
R K M K M R X O P J N R M S B M X A W K P P R
M Z F X N Z K H P Y A A C U T O X N R J M Z T
Z P D H B O A T S L P Y L M X C K Q W K K M F
O R A C L E C O N S T R U C T I O N S H S N A
```

| | | |
|---|---|---|
| RELICS | CROPS | MUSIC |
| ORACLE | SCRIBES | SPEAR |
| BROOCHES | MOLD | CHAABAN |
| SETTLEMENTS | DOMINIONS | ORATORY |
| COMMUNES | BONES | VALIANT |
| RAINFALL | IDENTITY | CHAMPI |
| MAP | CONSTRUCTIONS | MOLDS |
| ORAL | MARKS | BOATS |

 **Themed Word Search Puzzles: Issue 14**

# Puzzle # 40

```
S T S E I R P R O S P E R I T Y X L T F E T L
B C W C S U V L A R L X Q Q C A O E A T A N D
J O E O W D T V F C S X L R P Y S T P N N E S
A K G M F R B Z A P C A O E Z P O R N M T M N
S K A M A E B M C N R P S G Y E L R A B T T A
M Z M U Y Q E N L O I T T T D B C M C N T N V
A V I N B L Z D T K P X N S O E E A R L W I A
R N R E S R P O L A T U E C R F M S L L E O R
G K G S G N I R E F F O M I F P M N P B Y N A
O Z L P Y F X J C I F U E E S U Y C P G H A C
G B I O N Q M T C P J O L N S O Z R C T R W C
O P P Q M W X T J Q C X P T L L L E A Y A U M
L I S D L O H E S U O H M I P D A B E L R X A
Y O F X D I G S A P Q E I S U R T C L R R D D
F H Q S J I E W O O H Q E T T A K S E B J Y W
N E D E C O D E R Q B G Y H E X E N T M H U U
I H S F W E T S S X U V E R T D C K Z Y H W E
O U W G D Z M O F J T N G L E Y L K G U M H W
```

| | | |
|---|---|---|
| DIGS | WALLS | PRIESTS |
| LOGOGRAMS | SCRIPT | CROP |
| STEW | CURRENCY | COMMUNES |
| SCIENTIST | ANOINTMENT | PILGRIMAGE |
| DECODE | HOUSEHOLDS | CAMELS |
| EARTHEN | OFFERINGS | ORAL |
| GREATBATH | PROSPERITY | BARLEY |
| CARAVANS | IMPLEMENTS | CAMPS |

# Puzzle # 41

```
R W R B B S R K N G G B I R B F Z N E R L O R
J U E Z E I D I R I R M J T D E F A L Z Z M S
D U F T L O Z I E B A O O B R A S B P K E G S
U G O V Y C N X I Y F O U S O T L A Z O C T D
C N W W S C S N M N F L R R L H A A J F T V E
V V V H B X N B B A I R N I A E E H Z P B X F
Y U E U W M L L M G T I E G V R S C H E S J E
I R R U S D L O M O I E Y E D X Q C G E S C N
B W U U M A S T W H T H S Q E A N G I S N I D
O S T T U W R O D N E G A K T U S L T J P P E
P N L S C S P V H V N O I T A V A C X E A F R
C Y U Y O E C N A N R E V O G M Q G R P T Z S
R Z C K N L M L X S D D B L O I A X E S R D P
Y E I F Q T G N I K O O C N W O U R I S G O I
A Z R V F U Z B C B E Z A L S F K W C O B F Y
C C G U V L A P P A R A H I R Q Y R O P A P U
B L A N U D T P A N U E U Y N M R D R G M P F
X F Z P A R C H M E N T U L H K S E K P Z W X
```

| HARAPPA | MOLDS | PAPER |
| --- | --- | --- |
| CHAABAN | LOST | ANOMALIES |
| POT | INSIGNA | GOVERNANCE |
| EXCAVATION | HEIRLOOM | GOODS |
| COOKING | SEALS | VALOR |
| NOTES | FEATHER | SUTKAGENDOR |
| TOMBS | PARCHMENT | JOURNEYS |
| GRAFFITI | AGRICULTURE | DEFENDERS |

```
D Y I I X M I B P A H Q Q K D E G Z I N Z P E
G N A O R L F W C F F O E N I G M A T I C Y A
J O R J J I A G D I F J L H E I R L O O M D B
D A G L A N G U A G E Y L Y G M W I Z R V H G
L A D F M U H A R B O R S K R S J U P X P Z M
S S R O T P L U C S L L V Y A B E W Q H Y Y R
Y T B S D R A I N K I X N R E B V E S S E L S
C A D Y W K Y K R J V Q A N P V H A R V E S T
G Z E W S T N A N M E R D O S S P W Q L P S S
F H S E G A Y O V U L W R S R R A K A S J E N
W M P N Z S E R F M I Z Y A H X V C S L T V X
V G H X Q L N R N I H B X M H R B O R H L I T
Z Z Y R H I I E J N O P A G J D Y K Z E Q T U
Y J Y D X S T V T W O D U Z L L X J D R D A W
Y D Y S Z N U O Y J D O S Y A W R E T A W R F
O I G H M E O C C J L M R W N A Z H C K J R Z
D V M F K T R N A P J X N F U L R G R V O A D
K V Q M K U A U B Z F N P S O W T P S W C N W
```

| | | |
|---|---|---|
| REMNANTS | LIVELIHOOD | SCULPTORS |
| MASONRY | DRAIN | HARBORS |
| HARVEST | ROUTINE | ORAL |
| UNCOVER | ENIGMATIC | HOLY |
| WALL | WATERWAYS | VOYAGES |
| PLOUGH | SACRED | NARRATIVES |
| BAZAAR | SPEAR | HEIRLOOM |
| LANGUAGE | UTENSILS | VESSELS |

# Puzzle # 43

| | | |
|---|---|---|
| RUINSCAPE | DIET | SPINNING |
| COMMUNICATION | BALAKOT | EXPANSION |
| CARVERS | CURRENCY | GEMS |
| BARTER | PILGRIMAGES | OFFERINGS |
| LANGUAGE | BUILD | SAIL |
| ORNAMENT | JOURNEYS | STELEE |
| ASTRONOMICAL | WATERSHED | HYMNS |
| TRADERS | WORKSHOP | HARMONIC |

# Puzzle # 44

```
P J R K R I T U A L S K W H Q G R O B R A H Q
K Q Z U E M E I Z S S E W P J F N D N K U E B
Z R Q I N S I G N A E F E E X A M I N E D W G
L A J T W Y J G A M E N G X S M M J P B W H A
M G S F A Z S A L S G X I N O L N B M U P K E
Z A J I P I T R F A T H Q R I T W F E M O Z P
M X A R K A R D Y N K D E S U T I R E A I R Z
V H Z I T M U E K C L W K K B G N C F A N J G
W D D N H P C N Q T D G S C M S I A M T L S B
K V W G M M T S C I J K D I Y R S F H I F Q G
M Y T N O E U C L F U Q R R T E E W V C B N E
U G V D P B R A N I X F O B H D K F P Y I Q Y
I N E A J X E M E E G R C F O A N B M R S L D
H L E P U S S P R D V N E U L E Q V E H K C S
S E P O N M C S D N Y W R X O L D F B H N P U
L C C B A D X I G S H T A O G M F Z F S B W V
O M F L U T E T J M Y F Z A Y O D R Q X U O U
G H B A V H A E R D M Q H Z C X U W Z B P O X
```

| STRUCTURES | CHANTING | MAIZE |
|---|---|---|
| MAST | RITUALS | SANCTIFIED |
| OATHS | MODELS | INSIGNA |
| EXAMINED | FIRING | GROUPING |
| EXOTIC | LEADERS | HARBOR |
| FLUTE | BEANS | RECORDS |
| BRICK | FIGURINES | OFFERING |
| GARDENS | MYTHOLOGY | CAMPSITE |

# Puzzle # 45

```
B T Q P M C Y J J F D S S T Y R A B O O V F Z
I Y R A X G W U S E A F A R E R S X S Y F I F
K L J I A L A W I R E W N A G S F B H T G M P
G I Z C B V Y N S B T R B B I T O K A L A B R
L E S M L U P H L P T M L O S E H P R J N N L
T W I T O A T G T Y E Z F W X L M Q D C U Y A
I V E Y B V G A U X A L G L V B G S L L E H S
S H D O G G I E R M N I L S S A P M S Q I F V
S E R U L E R S R I C A V S O T E V T I E S H
V L N U N Z R L S R E C I P E S Z Y S R B J F
K V A I Q L F I C K S S W C N M O B I L I T Y
P V Z I R T C S I R T Q K O V J O Y M R V T Y
M U Y R R H E S E M R S K E L E T O N S U L S
O J N Y K U S O N H A P U F Z L N G P H H H D
G Z R L L J B F T Y L Q M M I K H O Y Q N Y Q
Z C I B S T A T I O N S B N Y N O M I T S E T
X S B Y E H S H S N J E K N R O Y M D Z J P T
S R E M O N O R T S A S A M Y T H I C A L L X
```

| | | |
|---|---|---|
| BURIALS | TRIBUTARIES | SPELLS |
| TESTIMONY | TABLETS | SHELLS |
| RECIPES | STATIONS | GANWERIWALA |
| SCIENTIST | RULERS | ANCESTRAL |
| SKELETONS | LINKS | SEAFARERS |
| BOWLS | SHRINES | BALAKOT |
| FOSSILS | REGAL | MYTHICAL |
| SILK | ASTRONOMERS | MOBILITY |

# Puzzle # 46

```
I F G K I Z H Y I E S C I E N T I S T G B I X
M T M R H B A G I A Z D R A R I V A L O H D F
T Y A A X K S N D B V U R P M I A L E P Z A J
I F S M K V J O N K T M P E X Q U I S I T E O
J S O T I J R K V A U L T A B I S D O H T E M
R P N H E N W Q L Y L M H T N S R E H T A E F
Y B R X M R T S D I A S W A T O S K K N Y C N
L Z Y E H D I X Y D N A R E T K I T D C Q M K
S U N G K G H E M J H P H E U X O N K B I L O
A T D T E G D Q S V C O N S T R U C T I O N D
S S Q L E T A R R A N A P H T A O J S M F O Z
Q N K Q O G S W X H F Z G N I H T O L C E S V
Q B L R G Z I O H D T L J T L H Z Z K T J N E
E S V T A M C Y M G M S E U Q I N H C E T F T
A N H T O M K Y R I U T R R O H N K D C V O G
U J O O G L L D X A G O W C E D Z K U T O P W
A W L T C Y E F I T E C L U O T X X S R O S C
Q T V P S R X K M R M O P P T C A F E T R A N
```

| | | |
|---|---|---|
| DHOLAVIRA | METHODS | FEATHER |
| MASONRY | LINKS | PLOUGH |
| MYSTERIES | LEGISLATURE | ANNALS |
| SCIENTIST | ANOINTMENT | CLOTHING |
| CONSTRUCTION | EXQUISITE | SICKLE |
| POT | MARK | NARRATE |
| STONE | TECHNIQUES | ARTEFACT |
| VAULT | MARKS | ADORNMENTS |

# Puzzle # 47

```
Q P G U R V S L E I Y R Y V F R C E G L G R C
V A K G F G N S T L O V S E P Y T E H C R A F
P P P D N Z N N S A C G W A R I C R A F T E R S
U E Q I V I E A R T H E N W A R E R G S S M K
N G C P I B V N E I T F J L H A Z U U D N E M
J S G U A I C S T O O B A N P B A G A U M T A
V N U O K R V Z I B A V O P C R A G T Q U A F
H I T R U C T O L A R I R O D Q R R G P L L P
A A W G L S F I N B T V T E T K P P L B O W M
A L Y T O N K D S P M L M G S I G L A E C O O
G P I G J I E D I A N U F S Z E E A P J Y R O
E D Y W M X E R D S N C D Z T U R I C H N K D
C O D O Q C C D Z N D O M I N I O N S A V E M
N O J F O S C H G B G T E E V B Y S M O P R Z
I L F D N B A Z A A R N X H O P L E H W J S S
S F I I B L O L K B J M J N D S N A L W Y I Z
Q N Y T N E M N R O D A E L E T O O O H L Y L
G P N R E A P E R W B S C I S S O E P K E S U
```

| | | |
|---|---|---|
| BAZAAR | EARTHENWARE | GODS |
| ARCHETYPES | ORNAMENTS | DOMINIONS |
| BARLEY | SILK | DECODING |
| BONES | ADORNMENT | METALWORKERS |
| INSCRIPTION | PLAINS | REAPER |
| GROUPING | ARTISAN | LITERATE |
| COLUMNS | FLOODPLAINS | CRAFTERS |
| INSCRIBING | RESERVOIRS | GUARD |

# Puzzle # 48

```
U P B F V Q E C B I Q U I L W E E N W G N Z L
V P H B J I W C S I U Y D Q I H P M I S R T I
O F G G T X O N J Q S X E V N C O N D U I T S
J T M X U R H A W F J Z V W S E U R S P S E D
P B T S E Q X N S H E L L S C Q J A L K I L U
M V R B R P W C T E C N A V R E S B O S U I H
W Z I O K E Y I K X C N A V I G A T I O N L F
F G O L O K D E K O C Y R M B P I L E M D C L
W M E A L C V N C S H J Z S I D W N T S T F F
V C N N T A H T E S K Y Q R N T J V V P A O H
E R V S E H G E W F N L P O G V K X W L G S O
F E Y S J R S E S D E P R B S N O I T U L B A
U A S D C G A S S M G D P R X S I K V S S A V
F T U Q A A D T U O N K A A S K E L E T O N S
B I U Q M W W R I K S M M H A A S H S C O M E
N O A K P A W E C O M P C O N S U M P T I O N
N N O N S R E V O C N U Z T A E M D Q V R R Q
A E R U T P L U C S V S R A D F R Z C X B N L
```

| | | |
|---|---|---|
| SCULPTURE | CONDUITS | MEAT |
| SKELETONS | MAP | HARBORS |
| OBSERVANCE | NAVIGATION | GENERATIONS |
| ANCIENT | CORE | CONSUMPTION |
| ABLUTIONS | VILLAGES | SHELLS |
| BROOCHES | CREATION | SKULL |
| UNCOVER | DEFENDERS | OATHS |
| INSCRIBING | WHORLS | CAMPS |

# Puzzle # 49

```
Q P B N A B Y L T I M E M U K C X D Z B W S C
M B L H A R A P P A Y M J E T I S P M A C N W
A S G N I L L E W D G U E E T F Z O N A D O X
J C C V P T F G L O C A G L P S D A L Z C I R
N E G U I D A N C E G S F I N F Y T G T G T A
U S N G I S S V O X A L B T S O T S A Q L A K
R S G X H X E G O O B W Z R D R O Y P S C D H
D X P M C J M A Z L Q O A E F M Z E X J A N I
E U N K A U O X J X Q B M F S A E E U S E U G
G A Y L J P H P W S K O C R T T U H G R C O A
N G K R S Z I A N U Y V T Z Z I P R V U O F R
A R Y A E D O C N E G M O V H O N R U I N S H
R P F I N H E R I T E D B L T N B C B Z O Q I
R Y F L E G E N D H N M U O J A L Q O N M W W
A L Z L W S Y D J G K B S P L J F D K C Y O U
T S R J T A J J H I E W O A V S I Y H K Q E G
Z W C A Z S K O N A S E G K G A L Q X U F N K
P C M O P H U G T O T H Y O C G W P X Q T Y Y
```

| | | |
|---|---|---|
| HARAPPA | BOWLS | ENCODE |
| FORMATION | MAP | FERTILE |
| HOMES | SYMBOLS | LEGEND |
| RUINS | GUIDANCE | SIGNS |
| RAKHIGARHI | TIME | SYSTEM |
| ZODIAC | INHERITED | ARRANGED |
| FOUNDATIONS | BEAT | MATS |
| DWELLINGS | ECONOMY | CAMPSITE |

# Puzzle # 50

```
M W Q D B G L M A N U S C R I P T I P F A M F
D T R X I M U G R O X D Z T L F S E K V S H B
G O Y S T L N I L I N H B V M R J T U T K M E
S P D B A I V N D T C F A O S N M U L O C C Y
J H X T V M M T L A Y I P N N V Y L W Z R W S
L L P A A Q L E H C N R N G D E D C D O Z F D
S K E Q F N E O O I Y C X S Z C S J P U V R R
F W G T E E P J Y N B S E E C P R S M B P R A
Q S L L E H S J Q U L T S N I R W A K I F J O
U I S N O P A E W M R R W I M N I S F B G Q H
M S Z A W J Z U S M E U Q R P J M P O T Q A C
D Y E X I N J X E O L C C H O Z H W T B S H J
K E W G S V G A T C A T I S R V P P Q I A T A
Q Q M C A M X T U P T U I R T K Z F E M O R I
O M S P D M V A O O I R Y X S N G O P H E N O
I G O N I S I H R Z V E N J D M A I T M T Q B
J Z H C X R W O L F E S M S N O I T A E R C Y
Z C S E Y R E F H D S S F E I L E B C B S R Q
```

| | | |
|---|---|---|
| STRUCTURES | RELATIVES | COMMUNICATION |
| WEAPONS | BELIEFS | CROPS |
| ROUTES | CHAMPI | EMPIRE |
| CREATIONS | SHRINES | MANUSCRIPT |
| HOARDS | BONES | FLOW |
| WEAVING | IMAGES | IMPORTS |
| TIME | GUIDANCE | INSCRIPTION |
| HANDCRAFTS | COLUMNS | SHELLS |

# Puzzle # 51

| | | |
|---|---|---|
| STREETS | TRINKETS | MEALS |
| MASTERPIECES | TIME | SYSTEM |
| CURD | CONSTRUCTION | WORKSHOP |
| SCULPTURE | IRRIGATION | PRIESTS |
| CHAMPI | IDOLS | TRIBUTARY |
| EARRINGS | CARAVANS | MATHEMATICAL |
| ANCIENT | WEALTH | SCULPTORS |
| HONOR | COLUMNS | COMMUNAL |

# Puzzle # 52

```
Y H I S Q X Y O S N R N F S V N Y I Y I Q I T
T C P P T W Z N S T S V Q G T H O O F S S F E
I O A E I I L O C B N Q C V O N K Q W Z F E O
V N L M S O W I I R E E C Y H K A Y R P V A F
I S D U I M Z T H L E B M O C T D N D L T R Z
T I J I J J U P P F O S A E Q P I J M H Z O G
A S G O O D S M Y W K D D R L R U K S E G U S
E T T F M C R U L S F O A I E T M Z C N R T A
R E B R Y Y B S G P G G I S U P T E Z N M E C
C D Y M T B B N O W L A K T I X K E F L N S R
G Y R Q F D U O R X Y N W I D F W Y S P E L E
E R P C C I L C E D P T B R Y Q S G L Z H S D
H E B U Q Q B L I L H I S I H O U S E H O L D
K T Y E A S I R H K S Q G P C D N I F N E P W
H T I G L G E O E P Y U J S S V Q O B L G I D
Z O M F D X K L A N O I T O V E D L T O K Q T
H P S G N I R R A E J T K A T N E J H X C M O
M F B T I B O W I N G Y T I R E P S O R P V V
```

| | | |
|---|---|---|
| SETTLEMENTS | OATHS | CREATIVITY |
| ROUTES | HOUSEHOLD | BOWING |
| CONSUMPTION | SACRED | GLYPHS |
| REMNANTS | EARRINGS | FIBRE |
| GOODS | POTTERY | PUZZLES |
| CONSISTED | SPIRITS | HIEROGLYPHICS |
| FIND | PROSPERITY | BOWLS |
| GODS | ANTIQUITY | DEVOTIONAL |

F C P R I E S T K I N G T S B P P K C E S I B
S O V K Z F I Q K M F N O T S I O X B Y E V C
E N J S O L F J A G E P R A U D T N G T G Z Y
I N O F D P O W Y V W U I T D Y A B T W A E Z
R E X U G A F N L B M N J I Q X B O V L R K S
O C Q I N S C O E E F S G O P T L S R Y O J Y
L T E V N T S P F E S Q J N M N E V H R T A H
G I A O G O Y P R N Y I I S T F A R C C S M F
F V Q R V R X A M P H P T N E M E V O M F C S
E I V Y W A H Y J N A U A N I Y P S L Z R N E
V T D M M L H H A V R K Q H M Y C S H E Y V I
M Y A M Y S T E R Y B M X F B I M N A E K T L
J T W K V Y U Z D W O U G D T E Z T T O I P A
S E K T F P V L G V R E A I L W I B J J L I M
L K W Q C U S T O M S W L B E V X P Q D P D O
B V V E S Y O Q R T Z O M U I Y L E A T T D N
C M L U L U N J Y L P E K T N D O M F H F Z A
I I X M T S S S J R M E Y S E D W N A D S G B

| | | |
|---|---|---|
| PRIEST-KING | ANOMALIES | CUSTOMS |
| EMBLEMS | INFER | HARBORS |
| STORAGES | MATS | IVORY |
| MYSTERY | SOLVENT | HYMNS |
| STATION | CONNECTIVITY | PASTORAL |
| GLORIES | CRAFTS | FEMUR |
| POLITICS | POTABLE | CREATIVITY |
| ROADS | JEWELS | MOVEMENT |

# Puzzle # 54

```
I J A D G D P L L I T D Y A K L F Q T S C L S
V E X N T S G L J H B L B P E R Z Y A Z X N C
J D N O S O A C Y J S T B A G T E D T K O H A
K O J I T F Z D Q M E L H N A K Z H U I I J V
W C R T N F N Z C K I L I G S H G D T A N M A
E N R I E Z L C Q W L T A I S R P A V A I N L
N E A D M Q Y O N U A U O S E S C M B N E T R
B R J A E Y Z D W D M W D N M I K C Z H P F Y
L X E R L D A N C E O L Q I F V W N Z Y F E N
U W Y T T R I D I T N J G I Y H A C I O D F O
H B H Y T U X E O L A T T S E S F N O L F E I
A E N P E Q J I Y Q A R C A P E P D G M C S G
A I I V S K M T W D O W T Z F L S M F H L W I
W N V R Y L E I L F P I A S Q G U D O E T X L
A J A N L P U E U X M C D N H N V E W B O A E
O H T T W O C S R Q K E R E A A S E H R A G R
S Z C P F Y O M A R I T I M E B J Q C C P J W
H X P N T S B M N K N O I T C E T O R P Z B Y
```

| | | |
|---|---|---|
| BANAWALI | HEIRLOOM | FEATHER |
| TRADITION | LINKS | ANOMALIES |
| FOODS | ENCODE | DANCE |
| SETTLEMENTS | RAINFALL | MARITIME |
| DEITIES | JEWELS | CAVALRY |
| FORTIFICATIONS | MESSAGE | ECHOES |
| RELIGION | FLOW | WHEAT |
| INSIGNA | BANGLES | PROTECTION |

# Puzzle # 55

```
R J D K C Q Q U B X O V Y Y W A S V Q Q R R G
S V J M O T W E A V I N G D G O K D O P N W G
S Y K R O W K C I R B E X E V E R V A G Z N L
Y P U O K J T S O L V E N T G P U K X E I L W
T I L U B S E N U M M O C A G W Z Q S W R V Y
F S B R P E O B V W U B N Z V K R F O H I B C
B Z I D L U O P R E Q I C K E X B S V E O K A
F C W K U F N O I T A T R O P S N A R T I P O
K W S V M T X Q L R B C M D V A N B K Q K A S
X Y K P B S W Z D D Q A Q Z L S V Q O X S V T
N F A H I L E D G E R S E L P M E T S T G V R
J Q P M N C K I K D E Y T T A K S L C A L A J
Y D R U G Q E M S X D Z D T H D Y R A J Z I N
G N I K R A M S G K T T B Z R N U E S U O H P
E S N I A R G R I G M S G O Y V V X P M A E V
M A G N I F I C E N T A C N G I E R E V O S L
B T K S B D N C N J Y E S Q Y Y H Y I V N V G
L B O D K X U K O Y R L O O W G L O R I E S B
```

| | | |
|---|---|---|
| AGE | GLORIES | WORKSHOPS |
| MARKING | TOOLS | PLUMBING |
| BREADS | SPICES | BRICKWORK |
| DRAINAGE | MAGNIFICENT | TEMPLES |
| LEDGER | BRICK | SOWING |
| WOOL | WEAVING | RECORDS |
| HOUSE | SOVEREIGN | GRAINS |
| TRANSPORTATION | COMMUNES | SOLVENT |

# Puzzle # 56

```
N S M R E T T E L A S F L P E T J E W A D W E
Z E Q E C W A N Q U N H I E Y T P I D U Z H Q
C C L B E X C M N W O N K N U S Q U M B P E B
L R Y A D K H P I S I X O X S S W H R L D E A
A E B Z O A M C N Y T I R E P S O R P S B L P
D T K A C S S E S S A H T Z I I T V C C C F T
C S E A E N O I T A C I N U M M O C U S T O M
G H E R D M A F Q L I B N B Z W X O N S O N V
T Z A A P U O S D V F H F Z Y J W T N V K C F
T C S N R L F T G T I C K T F D N O G L U E R
M A Q I T O C S V D T V P I P E S O D P Z D A
O S B H L C I E T A R I V J U G P S B C B M J
T C K L Z J E I U U O C G P V N B A Z A A R S
I R N A E C O R D E F D H S M I W B G B N L M
F J I W T T K P T G U A R D S M B T B O T M P
S D R S E C A L K C E N O N R R F M L W M E G
C R A F T P C O O K I N G M K A I Q F L K C P
Z N Z W X A S N O B P J R N D F B X J S K B B
```

| | | |
|---|---|---|
| BAZAAR | WHEEL | FARMING |
| TABLET | NECKLACES | SECRETS |
| CHANT | DECODE | CUSTOM |
| CRAFT | PROSPERITY | BOWLS |
| COMMUNICATION | COOKING | GUARDS |
| PIPES | BAZAARS | MOTIFS |
| COLUMNS | UNKNOWN | FORTIFICATIONS |
| LETTER | PRIEST | OCEAN |

# Puzzle # 57

```
Z Z F B E C N A V R E S B O G H Z K I K N R R
X P P R S P Q M Y X K O W Y Y G H N S W A B O
Z O U U R T T C D N X R E U Y O S J F T T O C
E T A R E T I L C P M V Q G F C I J T D S R R
P C J P B X Y X X S O E W U R U S T C E J B O
W I N W O N K N U L S R A I F D E I Z T I N S
S L Y M F I S H U G C H P D M L H J X Y E P G
G U J J A Z K T N W G T B A O K C I J M M H N
N A W V V G I I H S I Y Z N E W U D J C A S I
I R E F O O L K D O S X R C C S O T J R O K B
R D C N N L B S N W J E R E Z L T O D E T R M
E Y Q U E F E S M F S G I I L Q R K F A P A U
F H F W R F L P E A L Z F R T V A F I T V M L
F Y D N R R I J T X A H L H E U C D J I Y T P
O N W L T U E S Z H E Y A M R T A B X O N U J
N S B E Q P F N E G M Y V W S I S L Y N E N V
R M R S T G S E C C F B O X L V P Y M S F D X
T K I U C Y R E U Y Y Z R R I U Z V M K K V B
```

| | | |
|---|---|---|
| INSCRIPTIONS | OBSERVANCE | OFFERINGS |
| OBJECTS | KOTDIJI | PLUMBING |
| FISH | CURRENCY | TIN |
| CREATIONS | GUIDANCE | RITUAL |
| CARTOUCHE | DWELLINGS | EVOLUTION |
| FLAVOR | MEALS | MARKS |
| BELIEFS | MEADOW | MYSTERIES |
| LITERATE | HYDRAULIC | UNKNOWN |

# Puzzle # 58

```
Q H O Y Y P A R C H E T Y P E S S S K J J N E
B K D N W K T A O M F C N S S C M Z E C K B H
M W K V M G Z T L P M N M T E S T I M O N Y H
K S K E L E T O N S W A A D O R N M E N T S I
O Z C B T E D A R T R M B O B S E R V A N C E
U I V L E X P G L G E E H D D T X H C A Y N B
U B Q T R A C T O R Q R A K C O N D U I T S Q
Q Q C H R Z F G S L A C I M O N O R T S A N O
K O Q S A I O G H J J H N M P F N S B P A H T
R F K M C L X Q U N E A V D O F T E O P J W I
S M U I O A G Q X F F N B K D B S L W Z X Y W
M E I A T C P T C N E T T D O G Z I A G V R X
E R A S T R V P Y I A S R U M E F T T Y T P R
L O K S A K C C A D S Q G W F G P X E H D G Y
O B F S O K X Y F R T T F K E A I E R C Z N J
D G N A G N A B I L A K M M B N D T J A L D I
Y A S A C R I F I C E H S Z L N O T E L E K S
I J P L B A R T E R I N G W X C G J R S J Q E
```

| | | |
|---|---|---|
| HARAPPA | FEAST | ARCHETYPES |
| TESTIMONY | TRADE | MELODY |
| TEXTILES | SKELETON | GEMS |
| KALIBANGAN | SACRIFICE | MERCHANTS |
| SKELETONS | ASTRONOMICAL | TRACTOR |
| SEASON | LOGOGRAMS | TERRA-COTTA |
| CONDUIT | OBSERVANCE | BARTERING |
| FEMUR | WATER | ADORNMENTS |

# Puzzle # 59

```
S C U N G I W I V A P P A R A T U S E S B S S
V C E M E T E R I E S F S E H H P Y L G I X T
S N O I T A T N A C N I I A K X G C L L D X E
U C E R E M O N I E S J D B M E H J I U A T E
Q P Z O N S S F E I L E B B R F X Y C C T W R
D I H S R X H E X S L A S O I E N X X Y U F T
H E R D P P D S X E G D I R R O P L X F E X S
N E S U R I R P A T E X S U T K A G E N D O R
P R K T A N O O E S I D E N T I T Y W O N V E
S D T G N R A L S A D I O N P K H U S D H K C
N K R Q J E B C O P D Q I G O H Q X W I X B N
B A C L F A M M D R E I W A T E R S H E D A A
M N P I T N H U X S K R H E P A C S N I U R V
H J X E R S P P N B S U I P G N I N N A L P R
B Y P T B B J S N O I T A T R O P S N A R T E
Q R C Y J Z A C A O M D A I Y V X J P M L S S
I L V D T J B H C X W M X E B S F J Z Y E Q B
O B Y R M T E O A G P Q K F L O W S P I H S O
```

| STREETS | OBSERVANCE | INCANTATIONS |
| --- | --- | --- |
| CEMETERIES | BELIEFS | PROSPERITY |
| WALLS | IDENTITY | MONUMENTS |
| RUINSCAPE | WATERSHED | PORRIDGE |
| APPARATUSES | CEREMONIES | SHIPS |
| DIAGRAM | TRANSPORTATION | BRICKS |
| PLANNING | FLOW | FIBRE |
| TABLET | SUTKAGENDOR | HERD |

# Puzzle # 60

```
E V Y E A X S Z G D S Q C D T E D G N N O R S
S X U F C W H U S D I S C O V E R D N X P E W
N G U P W W A G E F F Z P O L I T I C S G A L
A L Q I K R J H V I P S I A R O U T I N E E Z
V L T H D T C C I G S T H B T C D Q A P G M G
A C U S V J E W T U H N W B N N D H A A O M S
R K X R M O H H A R D E C D V T C E C B R P E
A V N O C V C K L I V M E E G X N Y T Z N D I
C S O W S F A P E N Y E R U E Q M A S T A V R
P P I M J D C G R E A L Q I H M J Y S C M I A
W I T S E V R A H S E P K T D A E D P E E L T
O L Q D G J U E S N F M B I V A Z M C Q N V U
S G N I D N I F F E T I E N M Q V M P M T L B
W A A R T I F A C T S R E T B V S Q W O S K I
Y N H R L N B Z B H E A Y Q S Y I F J R R D R
R P O H S F E A T U R E S G Q Y E W H Z I T T
J P R S I Y N I Z L Q P U E H N S F C V W L S
A N F U K F O K U I E S S B Z V N O C I I Y F
```

| | | |
|---|---|---|
| ARTIFACTS | TRIBUTARIES | MAST |
| LEGACY | DEAD | GUARDS |
| WORSHIP | EXCHANGES | ORNAMENTS |
| DISCOVER | HARVEST | RELATIVES |
| ICON | IMPLEMENTS | SPEAR |
| FIGURINES | PORTS | CACHE |
| POLITICS | SYSTEM | ROUTINE |
| CARAVANS | FINDINGS | FEATURES |

# Puzzle # 61

```
A G V I D G Z W A L L S R U L E R S T D K T L
C S B K N H V J W H S C J D T E R R I T O R Y
O R N G Y S F M E H W E V P Q S K Z V Q C S L
D Q I O F C I V I L I Z A T I O N D H N R L A
Z Y A G I B X X Y W S T L S Z A B C X Y O L R
E F T L F T U H X T P L K A O R A L G M F E U
L C E A Q F C N A C I N O C I N M A G F Y P T
X T L Z Y Y Y U Z R V T P E E C S N E A Y S C
M P I I C O N A R G M X N Q F O Z X K V J M E
I Z E N D G I B Z T Q O M E U T E N S I L S T
L F R G I C V B K B S L N E D D P L X S E S I
Z C S H S E K Z C K T N U I S I T F T P L Q H
L C E C C Z U E S C O V O N C O B R E A D S C
S R G G O N Y M E A L S O C Q U O I Y G G N R
O J V I V O A I A Q V R O S Y A L E A D E R A
V P J O E R X N L S E G A M I R G L I P X W L
J D N W R B D D K Y T I U Q I T N A F H M K E
P T Z W Y C G E R W D O H X T A L Z L L J K B
```

| DISCOVERY | TERRITORY | PILGRIMAGES |
|---|---|---|
| IDENTITY | ANTIQUITY | ARCHITECTURAL |
| SEASONS | BREADS | HERO |
| CIVILIZATION | RULERS | GLAZING |
| MEALS | UTENSILS | ICONIC |
| LEADER | WALLS | SEAL |
| BRONZE | CONSTRUCTIONS | ATELIER |
| SPELLS | CLAN | HARMONIC |

# Puzzle # 62

```
Z R U D E N K L H G O S V G W J S U H T E O F
P G Y H K C Y G V A A P L A U T I R S U N T H
B Y B A Q G K W I S N O S A E S B M T E B H Q
D Q E R F M R T C O E R U L L F L E E F N B T
C B T V Q W U G C X L C E J H N X Y L X W Y F
X K A E P A M Z F N A T G E V E K C E C E A T
B A R S Q U E W N H E S L O B M Y S E I A K V
A H R T N V F R N P C H G H Y R O T S I H R D
M T A D W I I R D C N Z X G N I B M U L P C O
Z Z N E J C A M A X O S D A O R F W W I L A X
H E R P E J M L S K C M L S Q G E X D U B N A
Y D D S B M O T P I H M R W L P E U I L Q R K
Q R S O Y V G G E D L I B O M L Q Q Q O H W B
V K I J C F X T V U O O G D H D E J E A T F V
B U Y N Y E I N V I Y O B A K Q W P A I L I H
G P G J A L D U Y D B D L M R Y B R S O J P T
V P U I J S R O B R A H D F Y H M W W M B G N
C Z T V S R E L E W E J Z V C S I O M M B J E
```

| TOMBS | FLOODPLAINS | SPELLS |
| --- | --- | --- |
| STELEE | SYMBOLS | HARVEST |
| RICE | DECODE | NARRATE |
| HISTORY | CROPS | RITUAL |
| SYMBOLISM | PLAQUE | PLUMBING |
| SEASON | ROADS | FEMUR |
| RAKHIGARHI | FLOW | JEWELERS |
| CONCEAL | ORACLE | HARBORS |

O V H K W G G A M X A R K G N I R E D N A W O
A Y D C E K W Z Y F S O G G W N R U H C E H H
N Z F P E V G I T O L B K D O S E L I T X E T
O U H F R L P U H Z A R N E Y B J H Y X Y L C
I Q B Y T E Y S S R N A Z D X B L R E Q S W D
T X E R V X Y G N E A H V T F T R E F D Y A A
A H Q O J E D S O M C I G F A B Q F T R I S T
G H I V O N G M I D L B T C O B D J X E Y E A
I L B I U D W C T L T A U M Z J L W S H C F R
V P O O K X A K A G U A R D I A N E D Z L W Z
A O M N V T A G C I O I A B F D F V T A H N C
N G C G T J E R I X X O V G L O R I E S M A T
X L Q L G S X F D T E B A H P L A B R E A D S
M M E Z L R U O E R A Z N K S K Q X A T I P P
W E Q Y M M C H D G D T N Z X K U U O R O I R
R Q A X K E D B J W W S I B R I C K W O R K R
S K E L E T O N S H I W B Y E N S H L X G A L
U Q W J S J E A X Y F S N I J G A X K G A E H

| | | |
|---|---|---|
| TABLETS | GLORIES | TEXTILES |
| TREE | IVORY | HARBOR |
| DEDICATION | MEALS | BRICKWORK |
| VILLAGES | KING | BREADS |
| ALPHABET | GOBLET | HERD |
| CANALS | GUARDIAN | SKELETONS |
| MOUND | CATTLE | CHURN |
| NAVIGATION | MYTHS | WANDERING |

# Puzzle # 64

```
Q S N O S A E S L X M S K P S E T I S K G W T
R A D J C R E A T I O N S P S I L N N N O O I
T R J E D D N Q V R R K A R A G V D E E Y R W
R C T K H L A I N O M E R E C T N R M B E K P
A H P J W T R T L W O G S I U Z H B O X A S F
C I K O P E R D H P R V U I X G R W Q C J H B
U T C A V E S A X G O L D U D Y P X A V E O W
Q E F I M M L N E K Q P Z X I U U F X Y Q P Y
H C R S O S R P G N A U V A B E E Q P A S S F
L T K K U F P D K I U T Y G E X A M I N E D F
L U T N B X U L F Y S A E X P A N S I O N T Z
E R A I H J C O G M L G D O M E S T I C E P L
R E M L J G A M E C Z Z R W K L S A O E O I M
G S S W Y W B V M D E L P T W J X N R P E T H
W Z L K U C G X S T L U A V U M H T S N L I K
D L T A U P G K Q O P R G B O K S F U N M Y C
W U H M N L V B W Q D A Q W I D A W T R C Y Q
D P P X W K L W L K I O E H R L H E R D I N G
```

| | | |
|---|---|---|
| UNEARTHED | CEREMONIAL | KILNS |
| GEMS | EXAMINED | SEASONS |
| HERDING | MOLD | ARCHITECTURES |
| CREATIONS | PATHWAYS | SIGNS |
| SKULL | RESIDUE | EXPANSION |
| WORKSHOPS | VAULT | GOLD |
| DOMESTIC | STREET | RIVER |
| CLAY | LINKS | SITES |

# Puzzle # 65

```
S E P Y T E H C R A S O C L C I U Y M Q Q F G
G F Y U V V S E F R E R W P Y I R Z E S S B S
A M O H S Q E H F S L T D S Q Y R Z S P D R N
Q M S B N A I I B T Z A U L S N S B M R U N T
U Y L E I O R S N N Z F T A Q O Q D A P C O A
N A E L A S A T W A U X I M C N H Q B F F I I
R Z G I L M T O U H P P D I S C J Y W A I T K
F K E E P K U R B C W N E N W Q Z N A M N A S
B V N F D Q B Y D R D T M A C S S F P E I T K
V D D S O G I H W E Y E H O N O R L M H B R E
A W O A O R R P D M C S L R Y D E E R P G O L
N U O O L I T S S N R D L M S M V A R O T P E
N E P Y F W V E A E E H F K E O G E O R C S T
E U H M A P I D Y F B W J N M I K Y U R F N O
Z G I T D K N D E U U I T E H I M H T I B A N
V T Y K R G H N U A C S R K Z B I C E D J R S
N P I J O A S J Z Q M A A C X R H K S G H T Z
M Z S O N E E E X Y D R R K S Y D J C E B L T
```

| | | |
|---|---|---|
| HISTORY | EARTHEN | ROUTES |
| DANCE | LEGEND | PUZZLES |
| FABRIC | ARCHETYPES | SCRIBES |
| SOCIETY | FLOODPLAINS | TRANSPORTATION |
| HONOR | IMPLEMENTS | DEFENSE |
| PORRIDGE | MERCHANTS | RAKHIGARHI |
| BELIEFS | TRIBUTARIES | FOOD |
| SKELETONS | ANIMAL | MOVEMENT |

## Word Search Grid

```
G E X C H A N G E F W Z Y X B F H Y N P Z K S
C M B E T S I L K S Q N W R S J R J F X Z A M
D Y V T A G G N D C D M E E B U M H S X Z L O
R A F T B A U W A L X P L X X N M S T A Y A S
S N R E T T A P D A R B S I M H E S Q Y Z Z V
B O M U A S R Y R E A F Y V L N G L X P J J Q
P O T T E F D O S T Q S A V O L O W T O Z S F
F T P A R B S E E W A P V I I C L O T H I N G
L V O T G C N G V A F H L X C I Z B W S B B I
G Z Z S P T E Y R E D I O R B M E Z S K S F L
A E G J A V J W T N I U T C Q F P V G R H W S
X K G T J S N E T P B P G G I L S D J O R T U
V Z I X N F O S M N G I F A U Q T E I W O R W
V O V F S D L E I F E N I M A F R M S R P B U
N E R U T A R E T I L V B E D G Z B A Q U T Z
L S E U Q I N H C E T I A S H K I G R I V U V
T R A C T O R C L F N O Z I L Y E Q L W H N L
C I G H T K K F O G F S M R I S D D B H N D Z
```

## Word List

| | | |
|---|---|---|
| LIONESS | STORAGES | EMBROIDERY |
| EXCHANGE | BUILD | PLUMBING |
| CHEESE | GAMES | REPRESENTATION |
| GREATBATH | FIELDS | POT |
| SILKS | WORKSHOP | TRACTOR |
| BOWLS | PATTERNS | LITERATURE |
| STATUETTE | TECHNIQUES | VEGETABLES |
| CLOTHING | FAMINE | GUARDS |

# Puzzle # 67

```
A L W R B M B V N S I J C F H A R A P P A I F
N T I R E A C P H K O G O F N B H A H W J I E
O A A G H G U F X W S S N X F Z S K L H E Z A
L B E R X V D P W P G V C Z Z N E M L K L A N
W D R M T B K E G W N R E K R R N B A F D U O
T H G I F S D A L V I V A E K J O Y F D Q L M
U F K J H L F T D G L Q L R X A T V N H F K A
K X F N P W F I K M L O Q V L U S S I I L Z L
L C Q H A K G M W C E W I M A G E S A E L T I
C V I Z W F Y E B Y W C S W Y A Z X R T U E E
J R M R X J M C B K D Q Y T J N Z R M Z B X S
Y K T O B R Y A C I N O M R A H G V R J I T Y
D M N V Q H D P Q S N O I T A T N A C N I I R
C H A A B A N S K I N G D O M L I N L K G L L
C P T L T P F U G P N Z L J Z Y A O M Z D E E
K K R F F I Z L D B R I C K W O R K N Y X A W
Q F W N D B O E P U M E R C H A N T S E W U E
A B T A F D K N L A C I M O N O R T S A D X J
```

| | | |
|---|---|---|
| HARAPPA | NATION | MERCHANTS |
| CHAABAN | BRICK | ANOMALIES |
| JEWELRY | CONCEAL | STATIONED |
| STRATA | RAINFALL | TEXTILE |
| BRICKWORK | ASTRONOMICAL | FIGHT |
| FLAVOR | LEDGER | STONES |
| TIME-CAPSULE | KINGDOM | INCANTATIONS |
| IMAGES | DWELLINGS | HARMONIC |

# Puzzle # 68

```
G N I D O C E D T N R G Q R S T O R A G E S I
C A T A D E R U T X I M S E I T I V I T S E F
S U O I C E R P I M E S L D I S C O V E R V S
F P J Q M H E H K E E S Z C R K L B O G E J I
K O H F F B C A V T T I E I Y N E K W N G Y P
S M D I N C N Y R G N A L K C Q E I Y N O Y F
D Q I X E F A U L H L N G N A H R O I K L N J
L U T E E R D Z O O I C Q I G R T R S R G O V
O A I Q O T O Y P K K I N V E E I D E O A M P
H E R B B R I G W J E E P D L F Q W P W N I H
E Q K T T J S S L O Y N O Y C C O X E X I T Q
S W R A I I P H P Y L T F E G P S O U N N S Y
U H A N G F R S R M P F B E T R L I T U L E F
O P M N P Y A N H W A H E D I S S H O O J T J
H Q E U S V F C W Z G C I O L L A K G D G W I
D T G D B Q Q U T B N R I C Q P F C D D H S A
R P Y O O G I E N S D B T N S Y M J E H K I S
Z Z R H O O J R F H G Y L E F F T F R P V H M
```

| ARTIFACTS | MIXTURE | DECODING |
| --- | --- | --- |
| CASTE | HOUSEHOLDS | FLOW |
| INK | TREE | TESTIMONY |
| ANCIENT | STORAGES | MARK |
| KILN | SEMI-PRECIOUS | POWER |
| FESTIVITIES | SIGNET | LEGACY |
| DISCOVER | FIRING | ENCODE |
| HIEROGLYPHICS | DANCE | CAMPSITE |

# Puzzle # 69

```
S H X M X K D F A V T Z Z E R U S A E R T B R
X O Q A A W R S R P Z F W D H C O D E T G Q Z
P V C N K N U C R T O V D E T P L U C S Q E F
L E L I M Y I I L E N T V P R O E E L E T S Y
P M C B E J N H Q Q W P T N A R R A T I V E S
B G Y M O T S P N Z D U K E W R R A T L A G U
T K E V P S Y Y U K Y G O V R A P S M A N I W
D F N L S C U L P T U R E S X Y R H Y T H M S
Q O R U H L E G I S L A T U R E S S H J S I Q
E U S T U D Y O E B E U Q I S X K T M K K I P
J I I J Q O W R D E F E N S E S U Y Y E D A P
N I A R D Q U E N H F R L H G C L H F L I E C
M W V O D T D I E G O E M X J Z L Z C N U U M
V D Z F C R A H R E S C Q I F D I A T E X D H
D R L U A E V U A W S O D T D I L I F L H V J
H O R F L L F Q X V I R L L A F N I A R Y A Y
W T L T M V S Y D T L D H A J G Z U X Y B I W
S Z S L E T T E R S S S B F S U P Y W R L K G
```

| | | |
|---|---|---|
| RUINS | SCULPTED | STELEE |
| SCULPTURES | TREASURE | RAINFALL |
| LETTERS | LEGISLATURE | POTTERY |
| STRUCTURES | PAINTINGS | CODE |
| NARRATIVES | FOSSILS | FLOW |
| ALTAR | HIEROGLYPHICS | DRAIN |
| STUDY | RHYTHMS | RECORDS |
| SKULL | SOCIETY | DEFENSE |

# Puzzle # 70

```
G N I R E T S U L C E Z V A Y S R A Q M S H H
N N J Y F Q O G P C S P Y Z H W T G Y X W W G
R J A A N Y W E N F E Y K V D L R R K N S L Q
S F D F U R B A W S G P B L B I T Q A W A P E
M I L H T J N R I E A L U U H N X J N N G E Q
S N R A B R D T S M R A O J Z K I M A G E S Q
T G V T E X Q H C F O I H Q U S I F D E L L U
R X S V P W G E U O T N U R X N S N L F X C P
I C O D I U A N L Y S S P K O O P N Q C A I K
B G B S A F I P P Z P M T C C L S D O H T E M
U D V J M E R I T S D R T I B P L A Q U E T R
T T C U M K B K U M E M E B S E I R O T S I H
A H T X U S R P R D L T S S A R E I D L O S O
R N Q Q S P S P E V Y T B L E R E C I P E S V
Y L X K I H F P R I S E D X E N Z E T M G F R
A A E E C D A L T A R M F S U R C L K Q L H A
H K J O L A C I T A M E H T A M U E K I K J S
L P N C O N S T R U C T I O N W J N W U V K T
```

| | | |
|---|---|---|
| SCULPTURE | CLUSTERING | ALTAR |
| CONSTRUCTION | GOVERNANCE | PRESENCE |
| EARTHEN | MUSIC | BEADS |
| SOCIETY | BARNS | RECIPES |
| PLAINS | MATHEMATICAL | SOLDIER |
| STORAGES | ARTS | PLAQUE |
| LINKS | TRIBUTARY | METHODS |
| IMAGES | MERITS | HISTORIES |

# Puzzle # 71

```
G D T K Z N S A T P R I E S T S T H T S E M C
W R W P S T M V K L A R U T C E T I H C R A B
P E Y I X O O W S C U L P T U R E S Q W W G A
G S Q E V W T H R Q L S O W I K H Q F X O F S
Z L E I T S S E N G R A V I N G S U U O S O V
E B L N N C U V Y L V G E M A S K B E Z J T L
V M U O O S C T E N T S R A P P A R A T U S B
G O J R Y B I K E G P E S N X K A I P W L A P
A D K Y I B L G G K S C E W M H Y G T J B Y A
R G O V M A S R N R W I A W A T E R W A Y S S
I N S I C R L Z I A K F S V F S Y T S L P E P
W I E R B T X S Z W I I I T O J C H Y H S Q N
W K M J T E C C A C P R W C M S O V P U J N S
L B A S E R L U R V J C N O T T X D O X X N C
K X N J S I M M G U B A E V K P U H Y C A Z A
O W W P M N C B O J P S O I W Z Y P V E L M K
S Z V Y O G E R U T A R E T I L Y D B G Z A L
T T Q U T A R T I S A N D L O H E S U O H J N
```

| BURIALS | KINGDOM | PRIESTS |
|---|---|---|
| LITERATURE | BONES | ARCHITECTURAL |
| HOUSES | CUSTOMS | INSIGNA |
| HOUSEHOLD | APPARATUS | BEANS |
| OVERSEAS | WATERWAYS | TENTS |
| SACRIFICE | ARTISAN | ENGRAVINGS |
| SCULPTURES | NAMES | WOOL |
| BARTERING | CLAN | GRAZING |

# Puzzle # 72

```
S R E B M A H C H A E R O L S I S P H V U I X
G Y L E F W U U G I N H A S Y E X D I R J W I
N C C P V X O N D P R P M W A C L C R X E N N
I B S T S E I R P P M Y A D W N I Q Z A L D S
R M T Q J V R R G L S S S B R A F D B X O B C
R Q E F R H L K J V F W S E E N E I K W Z H R
A M Q A K T B S T R O P X E T I S G J Z S I I
E X C V Q R E M U Z N P X K A M H G Y L R S P
Z T D Y L M Y M V P T F C R W O T I I V E R T
R W H L V S D E T A V A C X E D Y N F I V K I
X L I T E R A T U R E F P N L B M G B X R K O
A Y L N P A P E R V Z I E C N E S E R P A U N
C L H S T A T U E T T E S I F T T G T B C D G
R E A X Q A P T X I D S D E A G R A W A R I H
X I E N G R A V I N G S F E D B I D A Q U A S
O Z N V H S Z X R G Z A B V N F F L M Y S D O
C X V G A Q A V C D K D P I B U B A L T F M Z
I W K P S V C S O N O I T A C I N U M M O C R
```

| | | |
|---|---|---|
| DIGGING | CARVERS | LITERATURE |
| LORE | WATERWAYS | RAWARI |
| EXPORTS | COMMUNICATION | EXCAVATED |
| STATUETTE | BEAT | INSCRIPTION |
| CARVING | RINGS | DOMINANCE |
| PRIESTS | ENGRAVINGS | MYTHS |
| LIFE | EARRINGS | PAPER |
| CHAMBER | HOARDS | PRESENCE |

# Puzzle # 73

```
B W E M B P E R I O D Z S G B T S A E F Y C O
C S E L Z Z U P O W F L N O I T A R A P E R P
E E L J L N Z X B C L P Z Q A F S K P T C T E
O S C U J U H D X E X T T Z E L R R J C E B Y
C Y K L A Q O B H S O H I E R O G L Y P H S J
E A N V U M U S A K R I C E P S G R D C E U D
F L V Z L P S O E B B M P B U B E H O B D I C
T N T J Y F E N R K B Y C L A W D L Z F Q B E
L I E I C A S F T A S Y K L F O U U C B J V X
T B A T H I N G U E G M D Z B M O E Q F C Z C
R Z Y W X S L R J S M E Z M N R N X S E W G I
T C P J S I C K H S F D Z S R O B V T M L U T
F T A O B P X R F E M B L E M S Q S C U M E P
L L A I R O T C I P E S N E C N I H E R U S Y
V A P B E I L N N P C L O T H I N G J Q Y R R
N P R F G N K B X X T Q G T S H I O B M X X C
O A P O O W P B U J D S O I U V N C O I A J E
C D J X B P W J X Z X W A T E R S H E D B Q S
```

| | | |
|---|---|---|
| PERIOD | FEAST | BOAT |
| ORAL | HOUSE | PUZZLES |
| RICE | PICTORIAL | TOKENS |
| AGE | INCENSE | CLOTHING |
| FEMUR | SCRIPTS | CRYPTIC |
| PREPARATION | HIEROGLYPHS | OBJECTS |
| BATHING | WATERSHED | INLAY |
| EMBLEMS | COLUMNS | SHELLS |

# Puzzle # 74

```
K S D A E R B C R X A I R L L A V I T S E F P
P R U J H L X E L E A N C S S V K R S M H E S S
X J G M S C L A V E H R K S T M L P O U R E Z
E S Z J Y X X Y Z A F N L B Y T S Y I L A O G
W P I L I G A T W J Z I I Y B E S R S I W C R
T E C N A V R E S B O S S N E K X E R F N U A
E L V M S S Y T P U Z U E D A R E V E E V N F
S W E R K E F M P Y P A Y G B V Y O T F G N F
C S X R E H I U E A N C Z G A P Z C T N V A I
I M N H L C S F R S T Y L E N M E S E K Y W T
E O L X E O W N Y Q P S G G J I I I L K Q N I
N I P G T O F Z O Y B F X P H R Z D S P A S G
T K Y P O R O Q F P P A I N T E R S D B Q A S
I H G P N B R C R E A T I O N S D D R Q S M I
S X Y E S Y X N F Z H E Q Z P D G N A C E Y L
T B F I N D I N G S Y S W K E P Z R O G U Q G
L D A A N C E S T R A L G H C T B L H B C J Q
X K S O W I N G Q K D A B O F S P U P N U P Y
```

| | | |
|---|---|---|
| DISCOVERY | PAINTERS | LETTERS |
| GRAFFITI | LIFE | STYLE |
| FESTIVAL | WARE | WEAPONS |
| SCIENTIST | BREADS | SILKS |
| SKELETONS | FINDINGS | BROOCHES |
| ANCESTRAL | IMAGES | HOARDS |
| CREATIONS | OBSERVANCE | GAMES |
| CLAY | GEMS | SOWING |

# Puzzle # 75

```
F S P T W N Y J W D U B M K Y S P C M T Y P C
O U F G N I N N A L P P R G E L L L M R P R Z
M M V I W O R K S H O P S I J T X W B X A S A
H W H N R S H Q F N A A G Q J R Y A O F B P C
M X A E O I U O Z P P I V E L W G N T B O G E
S X L H E N N T D V F G D O Z V O E D D M T N
L O A T V L S G E F V F D M C I D I M Y Y N G
S E W S B K E S E M I P O D T Y D U T S K E R
C A I I U K I H B S P D W A C Y R H Q B T C A
H R R Z N V R T T W G L G L E B I J A S B I V
A R E A K G O Y E N P I E V G C N V A E L F I
R I W T W U T M I Z V V K S A I O M S M K I N
I N N B Y J S K W A N N A L I R I E W I H N G
O G A X I Z I P N B J K G M X Q T G M T X G S
T S G T G A H Z I N S T A K Q E A M X I D A G
S E C I R N O T E L E K S D B Y R E W R N M U
K U B Y M Y E I C J P T U I S W E I O A D I P
Y W W M D F T P I I B F M P F H A P G M V V B
```

| STUDY | EARRINGS | EFFIGIES |
|---|---|---|
| MARITIME | CRAFTED | SOWING |
| BOWLS | WORKSHOPS | SKELETON |
| PLANNING | MAGNIFICENT | MYTHICAL |
| NAVIGATION | MYTHS | CHARIOTS |
| FIRING | TEMPLES | ENGRAVINGS |
| GANWERIWALA | KINGDOM | RICE |
| MAST | AERATION | HISTORIES |

# Puzzle # 76

```
O U W D J X L F Q P T F F T O M B S M X E S L
I C V S L T U A O O H T S N O S T I A H N N N
K I O C A J U I H J S T E H E A G D P I D O D
X T Y D K I T U I P B E N S Y Q W H P M S I R
B S A V E C O K D J C H U R I N G S A H N T A
P E G A M I R G L I P O T Y N O M E R E C A F
L M E Q K D C E Q I H R U S D J T V A M V R I
D O S P B M S T E L B A T Z B J T H T Z R E M
E D A B A O T F G W I P N L N F M I U V G N U
D E T F A R C P R E P A R A T I O N S P G E V
I L F L B A N A W A L I O S L E P A E K V G A
C F Y V R R S S P P N P P M S L C P S Z N N G
A S D N I N S L L E H S N J K D R O W O C A E
T B O B T R V Y U H M R U P D S Q E B I R F M
I Z C M J Y Y G O L O E A H C R A S E Y W M S
O X K H V O E C V D P O U Y T O Y N U C I S C
N K W I H T H A R M O N I C L P T K E B I V V
J B M M Y N S A N C T I F I E D S U Z B Q H T
```

| | | |
|---|---|---|
| BANAWALI | TUNES | CEREMONY |
| CRAFTED | ANCIENT | VOYAGES |
| HOUSES | APPARATUSES | GEMS |
| ARCHAEOLOGY | FIELDS | PILGRIMAGE |
| GENERATIONS | DOMESTIC | SHELLS |
| DEDICATION | DOCK | RINGS |
| TOMBS | SANCTIFIED | PREPARATION |
| RIB | TABLETS | HARMONIC |

# Puzzle # 77

```
M K N P V K G T B A Z S O V S Y M L Y O F Z C
K N L I I N S I G N A E E U L Z I L V S A Z Z
E W P F Y O L B H A N S Y O D V F J F A N K I
Q B X C H C R A P G K U H Q F G R E V O C N U
N V W S I R O J C I G T K B D M I Y J B Y T Z
L I E H R O I Y H I U A I P O L I T I C S E O
I I A R Q P V G K H T R D X E U Q E E S M T X
P Y V L D S X P H Q M A L B F W Y W K E O A P
N T I A S O C I E T Y P M T B U X B R M D R I
K M N Q R Z T V R W E P U E D D T T O I G E L
A W G R K Y S V I F L A Y H H N U J W P N T G
W B P K G V E S T F L U L Y V T V Q K R I I R
H K T V C D H T A S E L P M E T A T C E K L I
E C Q V O T F G G S R A A Z A B E M I C A R M
K L Z C I M Z D E E S W X O O B F M R I C W A
F Y N M A F S H T A O M L A P S Y Y B O P B G
P E S A A R C H I T E C T U R A L K C U B M E
W I D O C K S Q G N I Z A L G E F A Y S E F F
```

| | | |
|---|---|---|
| UNCOVER | HOLY | WEAVING |
| APPARATUSES | HERITAGE | KINGDOM |
| SMITHS | LITERATE | BELIEF |
| SOCIETY | GLAZING | TEMPLES |
| INSIGNA | MATHEMATICAL | ARCHITECTURAL |
| OATHS | BAZAARS | BRICKWORK |
| POLITICS | CROPS | PILGRIMAGE |
| ENCODE | SEMI-PRECIOUS | DOCKS |

# Puzzle # 78

```
D M E L O D I E S X E T I A G Z M D X Z Y W H
E G D N E C K L A C E S V I N E E Z D A G O O
U V E N H V E X P A N S I O N S K W O B U W S
P U K Q D M S X X L J Z Z X I N C A W R A D C
T E M U L L E R C H K S D G M A S T C L H U D
S E T T J A N J O H C F N U V G H E K K R D J
K E I N Q J Y E I B A F I L T N T R T D Z Q X
O L P Z L D Y H U S R N Q I D A R W F R J A E
Z E S E C I T C A R P A G V H B Z A C H P T G
V T Y F O K K N A H T P H E D I O Y W A G R A
L S H F C Q E A R T H E N L Q L Z S P F G Y T
R W H T L U W Y J D S R T I P A N Y T T L W I
W H E E L O O G R U C I N H A K R T A R D V R
S Y P H E R O R T R O T N O H U V H F T N E E
A R R E N I T U O R G S I O S W E C R S D H H
W T Y F L A V T R A R X Y D V S L A N A C Z T
C A X P T G L I B O A I V P R O P H E T S I B
S V Y T B F I L X X C U H W V L N L T Q B W S
```

| | | |
|---|---|---|
| KALIBANGAN | CANALS | CURD |
| STELEE | WATERWAYS | LIVELIHOOD |
| WHEEL | ROUTINE | LITURGY |
| PRACTICES | EXPANSION | EARTHEN |
| PAPYRUS | NECKLACES | CARGO |
| DESIGN | PROPHETS | KILN |
| HERITAGE | LEADER | MELODIES |
| EXCHANGE | HERO | HARBORS |

# Puzzle # 79

```
Y G B V S E C N E I C S H N S R Y L V V E P K
C Y D A W E B D X P Q W E F W T A P S Y V Y S
I X H Z T Q P D L Z R F D U N O O L B S F X T
U E W H Q H S Y M D G B B C Q R R I L V Z Q A
X R N H I K I L T V G A M E S R X K R I J Y T
U U V M D U L N A E S X B N H Q K E S A V S U
P T B Y J I A K G D H D A P O L X N S H H J S
B C P T H T I O J G C C L T X G Q Q R Y O C X
Y E C H P Q X W L D H R R V L T I S E O I P N
Q T R I Y O G O Z C R F O A A E X H M N H W S
V I H C L S R U M O O L R I E H D T O T S B N
F H B A G I Z R P T N V N H H F Z Y N A S T J
A C R L E T T R A D I T I O N A L M O N T I Y
E R C S P Z O I K D C R A K H I G A R H I Y O
V A G A L P O K O J L J K B S Q I H T V C N J
H I S T O R Y U E B E F I E G P O H S K R O W
X W C Q K K K E G N A H C X E J S J A S Z G E
U L H E J G G O U H S D W A R E G X T E N Q Y
```

| | | |
|---|---|---|
| HISTORY | HEIRLOOM | GLYPH |
| TOKENS | ARCHITECTURE | VILLAR |
| WORKSHOPS | WARE | WORKSHOP |
| BATHING | DELTA | EXCHANGE |
| MYTHS | ASTRONOMERS | CHARIOTS |
| MYTHICAL | ARCHETYPES | SCIENCE |
| STATUS | GLORIES | GAMES |
| CHRONICLE | RAKHIGARHI | TRADITIONAL |

# Puzzle # 80

```
T W E S S R M T Y Z R I X Y O W W J O I P U B
O Z X A L J C U S K E L E T O N S M E N I Q F
O F T U A D B L N D N L I K Z N T F K P L P X
L Q W S U H J N A F V S P Z E Y I E J P G E S
S S H U T L A D V R F U S U X Z R L J G R R V
O H M D I S F B A O E U V Z K K I N D U I F F
X C N E R G G K R Y P U Z A R Y P A P S M O O
Q T L L G T K E A Q A Q J R L D S Z M O A R L
P T E B Z N H X C U X D A L S I Q S J L G M S
T O D O O H I L E V I L C P R G A J R D E A E
S T N E M H S I L L E B M E A Y B N K I K N H
O W A T E R S H E D W L D P A D E L T E N C C
Z B U P Y B R W W S I L I U Z X T R X R V E O
O N T C Y U D R P L Y A I T A N U X Z D D T O
S Y S T E M I Z Y A E N O M B V L Q P O B Q R
R F O I B P R K A N G Q Y J D Q F N C C U N B
I R D J Y W K F I N D I N G S A E P D D N P Y
H U U L M H I S T A B I Z U T E E R T S K X Z
```

| | | |
|---|---|---|
| TOOLS | SYSTEM | STREET |
| SKELETONS | FINDINGS | VALIANT |
| EMBELLISHMENTS | PILGRIMAGE | ANNALS |
| SPIRIT | LIVELIHOOD | FLUTE |
| CODE | GEMS | CARAVAN |
| WATERSHED | MAIZE | KILN |
| RITUALS | SOLDIER | BROOCHES |
| BAZAARS | HERO | PERFORMANCE |

## Puzzle # 1

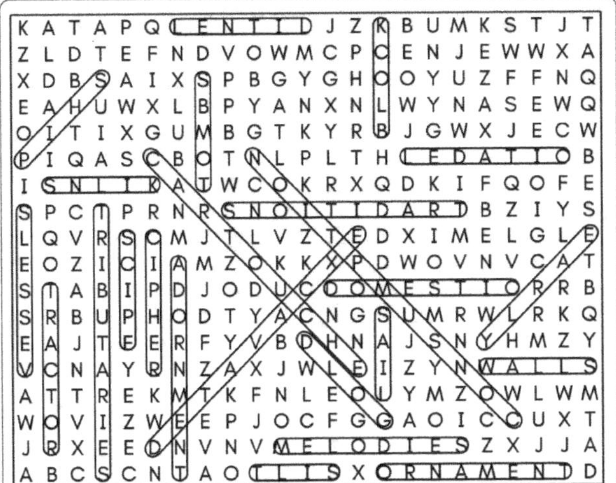

| | | |
|---|---|---|
| TOMBS | ADORNMENT | ORNAMENT |
| CARTOUCHE | DOMESTIC | TRACTOR |
| WALLS | SHIP | EPICS |
| EARLY | SILT | LENTIL |
| BLOCK | GOLD | SAIL |
| MELODIES | TRADITIONS | KILNS |
| CITADEL | TRIBUTARIES | CONSUMPTION |
| CIPHER | EXCAVATED | VESSELS |

## Puzzle # 2

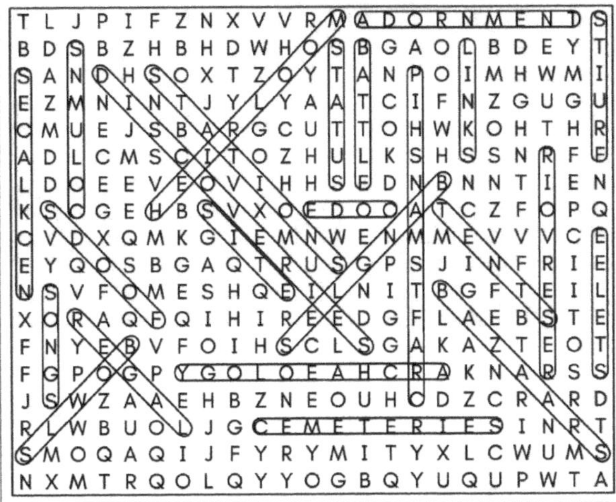

| | | |
|---|---|---|
| ARCHAEOLOGY | BOWLS | STATIONS |
| RESERVOIR | COLUMNS | REGAL |
| FRUITS | STELEE | NECKLACES |
| STATUS | HEIRLOOM | BAZAARS |
| CEMETERIES | DISCOVERIES | BATTLE |
| FOODS | CODE | SONGS |
| LINKS | ADORNMENT | CRAFTSMANSHIP |
| SITE | BANGLES | TENTS |

## Puzzle # 3

| | | |
|---|---|---|
| INFER | RULERS | HOLY |
| EXCHANGES | MONUMENTS | SANCTIFIED |
| GLORIES | SPINNING | WHORLS |
| BONES | REAPER | DELTA |
| SHIP | CACHE | CARGO |
| THRONE | WOOL | BUILDING |
| BALAKOT | TRIBUTARY | FERTILE |
| ARTS | SYMBOLS | MOBILITY |

## Puzzle # 4

| | | |
|---|---|---|
| DISCOVERY | PATTERNS | CURRENCY |
| MURALS | ARCHITECTURES | CORE |
| ARTISAN | LOGOGRAMS | SEMI-PRECIOUS |
| HOUSEHOLD | HOUSES | RIVER |
| CLAN | MARKETS | DEFENSE |
| PROPHETS | PAPYRUS | CHAABAN |
| BARTER | POWER | BARTERING |
| GENERATIONS | WATERWAYS | SAIL |

## Puzzle # 5

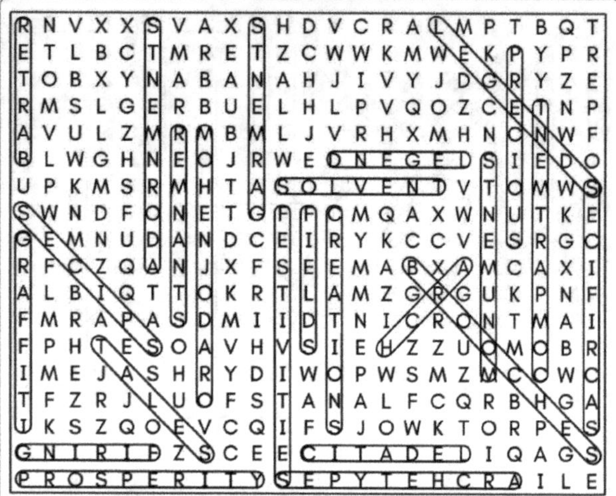

| MOHENJO-DARO | FIRING | SPICES |
| --- | --- | --- |
| TALES | CITADEL | PROSPERITY |
| PRECIOUS | COMPARTMENT | MONUMENTS |
| CREATIONS | BROOCHES | SACRIFICES |
| GRAFFITI | LEGEND | SOLVENT |
| GARMENTS | ARCHETYPES | LEGENDS |
| REMNANTS | FIELDS | FESTIVITIES |
| ARCH | BARTER | ADORNMENTS |

## Puzzle # 6

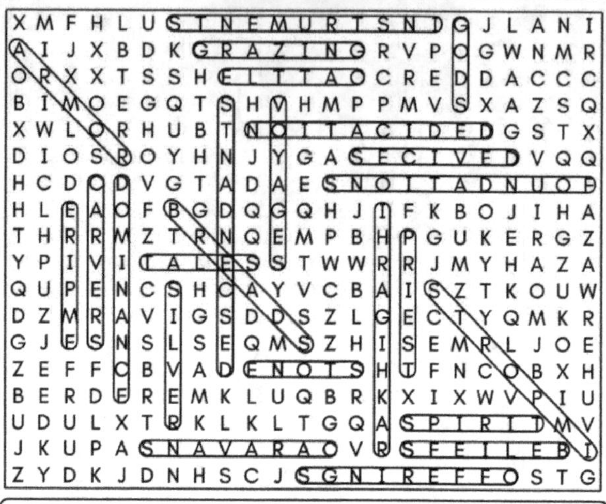

| FOUNDATIONS | DOMINANCE | GODS |
| --- | --- | --- |
| INSTRUMENTS | SPIRIT | ARMOR |
| BREADS | DESCENDANTS | IMPORTS |
| BELIEFS | DEVICES | OFFERINGS |
| TALES | RAKHIGARHI | VOYAGES |
| DEDICATION | CARAVANS | SILVER |
| STONE | CATTLE | CARVERS |
| PRIEST | EMPIRE | GRAZING |

## Puzzle # 7

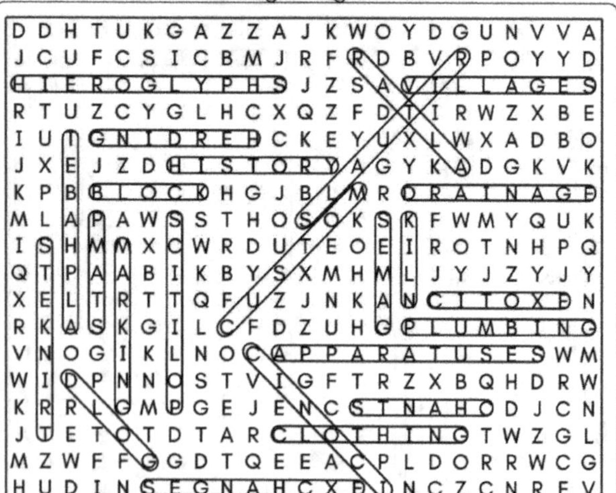

| HISTORY | HERDING | ALPHABET |
| --- | --- | --- |
| KILN | RITUALS | TRINKETS |
| EXOTIC | BLOCK | CHANTS |
| DRAINAGE | GAMES | MARKING |
| APPARATUSES | VILLAGES | PLUMBING |
| CLOTHING | HIEROGLYPHS | CUSTOM |
| POLITICS | ALTAR | EXCHANGES |
| STAMP | GOLD | ICONIC |

## Puzzle # 8

| AGE | CHANTING | STYLUS |
| --- | --- | --- |
| TIN | TABLETS | SOLDIER |
| JEWELERS | ABLUTIONS | MONUMENTS |
| ECONOMY | SHAPES | CONCEAL |
| HANDCRAFTS | INDUS | CARGO |
| GROUPING | TEXTS | EMPIRE |
| INFER | EXPANSION | MATS |
| BOWL | SCULPTURES | HARBOR |

## Puzzle # 9

| | | |
|---|---|---|
| DIGS | CROPS | SEASON |
| ORACLES | CELEBRATIONS | SEED |
| URBANIZATION | WHEAT | VAULT |
| ARCHITECTURE | FLOW | PREPARATION |
| ARTEFACT | GRAFFITI | ENIGMATIC |
| INCENSE | STEW | HIEROGLYPHS |
| GANWERIWALA | PROSPERITY | STREET |
| JEWELRY | SKULL | ANOMALIES |

## Puzzle # 10

| | | |
|---|---|---|
| DIGS | RAINS | TUNES |
| ARTISTIC | FABLES | ENIGMATIC |
| HANDLES | CONSISTED | TEXTS |
| BRONZE | PROSPERITY | ORATORY |
| MOLDING | RESERVOIR | HERD |
| WATERSHED | PILGRIMAGES | DIVINE |
| IMPORTS | EVOLUTION | DESIGN |
| HOUSES | DECODING | PERFORMANCE |

## Puzzle # 11

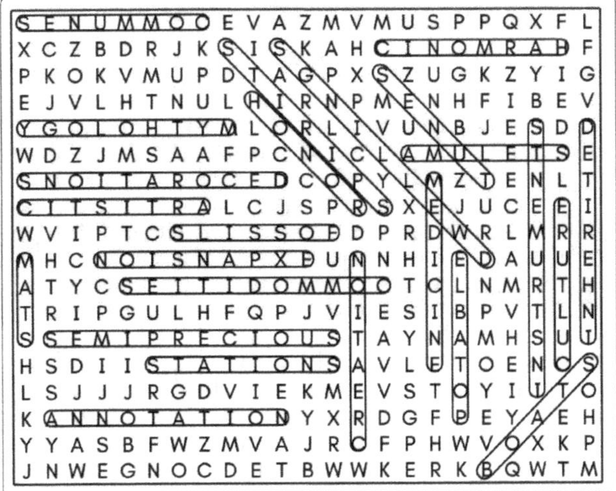

| | | |
|---|---|---|
| FOSSILS | TUNES | STATIONS |
| HONOR | DWELLINGS | POTABLE |
| CREATION | ANNOTATION | INSTRUMENTS |
| CULTURE | DECORATIONS | MATS |
| MYTHOLOGY | AMULETS | BOATS |
| ARTISTIC | COMMODITIES | COMMUNES |
| MEDICINE | EXPANSION | SPIRITS |
| INHERITED | SEMI-PRECIOUS | HARMONIC |

## Puzzle # 12

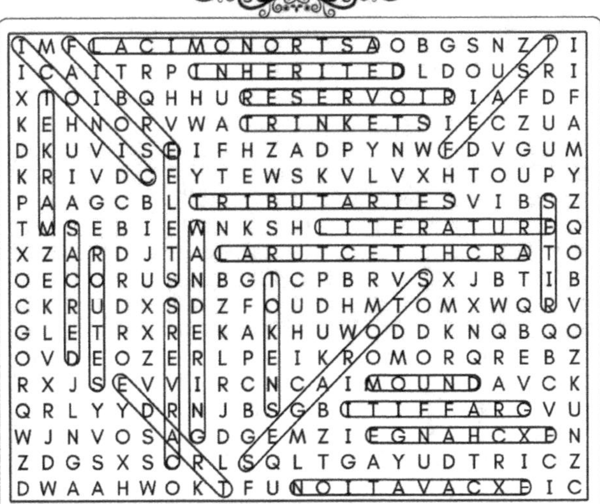

| | | |
|---|---|---|
| EXCAVATION | FEAST | EXCHANGE |
| INHERITED | ASTRONOMICAL | ARCHITECTURAL |
| FIBRE | LITERATURE | GRAFFITI |
| MARKET | TRINKETS | SACRED |
| RESERVOIR | MOUND | ICONIC |
| STORAGES | ROUTES | RITES |
| TRADE | TRIBUTARIES | CARVERS |
| STELEE | TOKENS | WANDERING |

## Puzzle # 13

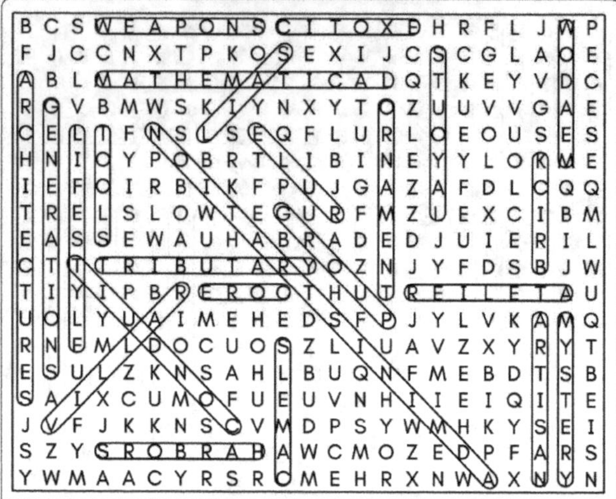

| | | |
|---|---|---|
| MYSTERY | TRIBUTARY | MEADOW |
| EXOTIC | BRICK | SAIL |
| LAYOUTS | GROUP | WEAPONS |
| TOOLS | CORE | RULE |
| ARTISAN | ARCHITECTURES | LIFESTYLE |
| VILLAR | ATELIER | GENERATIONS |
| CONDUIT | HARBORS | ADMINISTRATION |
| ORNAMENT | MATHEMATICAL | CAMELS |

## Puzzle # 14

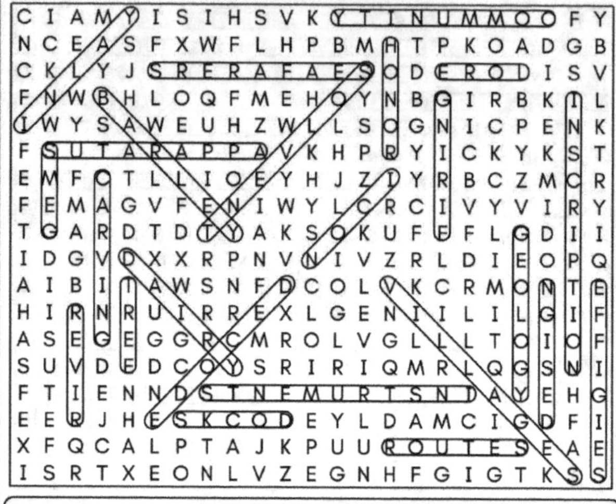

| | | |
|---|---|---|
| VILLAGES | FIRING | EFFIGIES |
| ICON | INSTRUMENTS | SOLVENT |
| BARLEY | ROUTES | CARVING |
| GEOLOGY | DESIGN | INLAY |
| INSCRIPTION | HONOR | DOCKS |
| COMMUNITY | RIVER | TREE |
| GEMS | APPARATUS | DAIRY |
| DECODE | LORE | SEAFARERS |

## Puzzle # 15

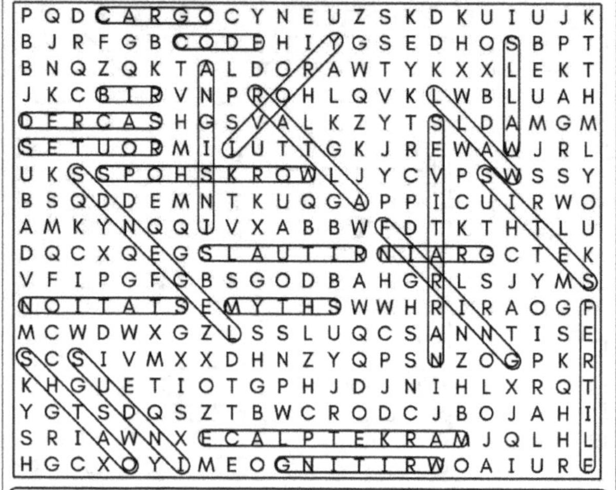

| | | |
|---|---|---|
| MARKETPLACE | OATHS | STATION |
| RIB | WRITING | SITES |
| ALTAR | CODE | MYTHS |
| RITUALS | FIRING | WORKSHOPS |
| WALL | IVORY | GRAIN |
| WALLS | ROUTES | NARRATIVES |
| INDUS | FERTILE | SACRED |
| INSIGNA | LEGENDS | CARGO |

## Puzzle # 16

| | | |
|---|---|---|
| SCIENTIST | DAIRY | GODS |
| MASONRY | COMMERCE | VOYAGES |
| FABRIC | FISHING | CHRONICLE |
| PRIEST-KING | DEVICES | CEREMONIAL |
| SEAL | EMPIRE | NOMADS |
| FISH | MEALS | MYTHOLOGY |
| POTTERY | VALOR | SMITHS |
| TEXTILE | FABLES | LIFESTYLE |

## Puzzle # 17

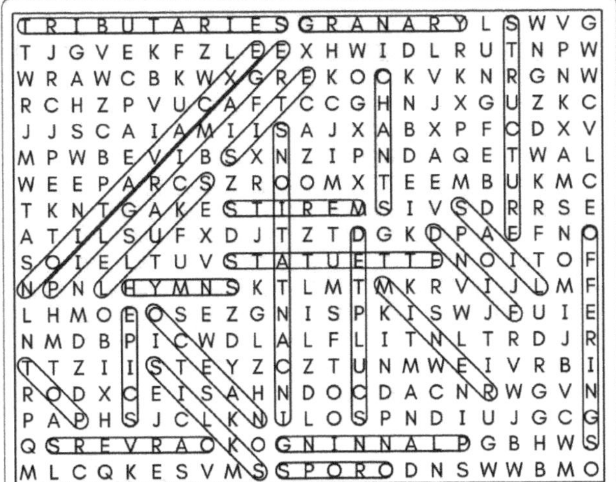

| | | |
|---|---|---|
| EXCAVATION | SCULPTED | OFFERINGS |
| EPICS | STRUCTURE | CROPS |
| INCANTATIONS | MINER | MERITS |
| PLANNING | POT | PILGRIMAGE |
| SKULL | GRANARY | OCEAN |
| CARVERS | SILKS | CHANTS |
| FIND | TRIBUTARIES | HYMNS |
| SITE | STATUETTE | SAIL |

## Puzzle # 18

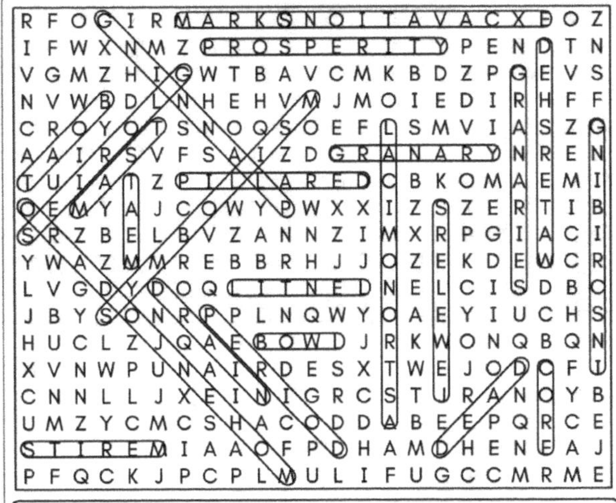

| | | |
|---|---|---|
| MOHENJO-DARO | MEAT | INSCRIBING |
| PILLARED | GRANARY | GLORIES |
| JEWELERS | BOWL | ASTRONOMICAL |
| PERIOD | GRANARIES | BOAT |
| MERITS | DRAIN | PROSPERITY |
| LENTIL | SYMBOLISM | EXCAVATIONS |
| PLANNING | WATERSHED | MAST |
| MARKS | DEAD | CORE |

## Puzzle # 19

| | | |
|---|---|---|
| STRUCTURES | EXPORTS | HERO |
| NECKLACES | CRAFT | APPARATUS |
| MARK | SPINDLE | DISCOVERIES |
| STRATA | PIPES | CARVING |
| EXQUISITE | CONNECTIVITY | BARNS |
| ALPHABET | ANCESTRY | WATERWAYS |
| GRANARY | ATELIER | TABLET |
| OBJECTS | EXCAVATIONS | HISTORIES |

## Puzzle # 20

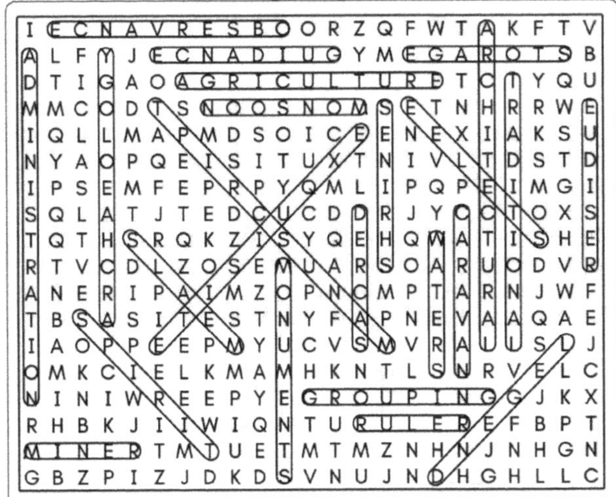

| | | |
|---|---|---|
| ARCHAEOLOGY | GUIDANCE | MEALS |
| MONSOON | SPIRIT | ARCHITECTURAL |
| GROUPING | STELEE | EXQUISITE |
| LEGEND | WATERS | SHRINES |
| RULER | AGRICULTURE | CARAVAN |
| OBSERVANCE | MANUSCRIPT | STORAGE |
| RESIDUE | ADMINISTRATION | SACRED |
| MINER | MONUMENTS | TRADITIONAL |

# Puzzle # 21

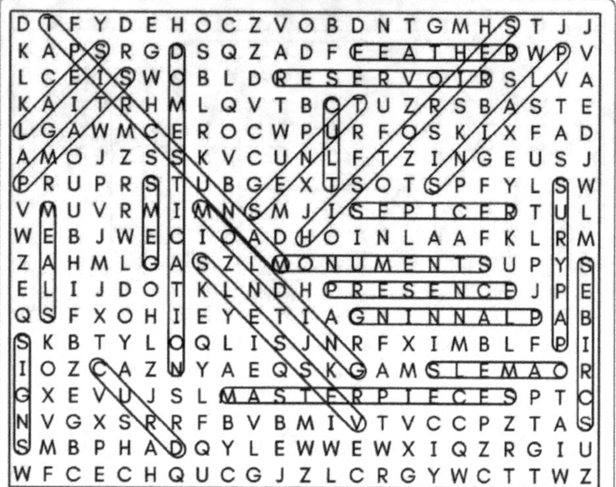

| PLANNING | RECIPES | FEATHER |
| --- | --- | --- |
| SEAL | MONUMENTS | HISTORIES |
| MOLDING | MANUSCRIPT | RESERVOIR |
| CULT | TUNES | DOMESTICATION |
| STAMP | GEMS | VESSELS |
| CURD | SIGNS | PLAINS |
| SCRIBES | PRESENCE | MEALS |
| PAPYRUS | MASTERPIECES | CAMELS |

# Puzzle # 22

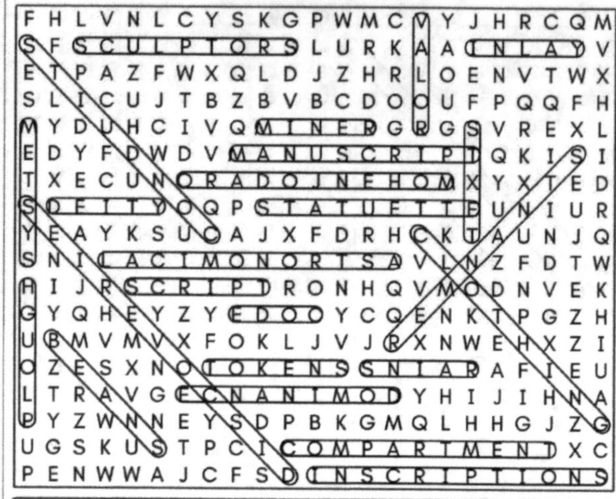

| MOHENJO-DARO | RAINS | MANUSCRIPT |
| --- | --- | --- |
| DEITY | STATUETTE | PLOUGH |
| INLAY | CODE | DISCOVERIES |
| INSCRIPTIONS | DOMINANCE | CLOTHING |
| MINER | SCRIPT | CONDUITS |
| BEANS | TEXTS | TOKENS |
| REMNANTS | SYSTEM | SCULPTORS |
| COMPARTMENT | ASTRONOMICAL | VALOR |

# Puzzle # 23

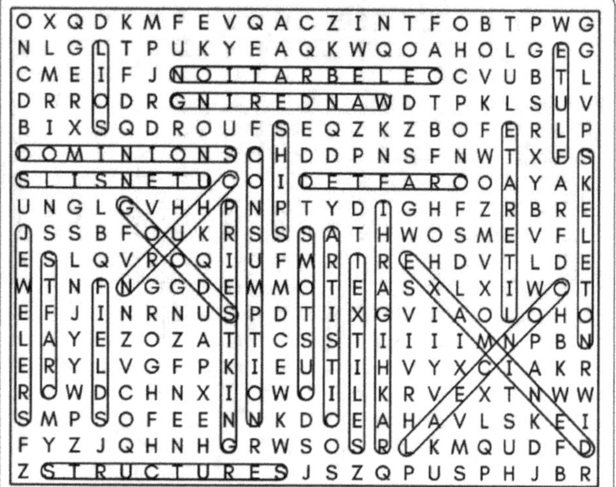

| STRUCTURES | FLUTE | TEXTILES |
| --- | --- | --- |
| CONCEAL | RAKHIGARHI | SOIL |
| CONSUMPTION | CUSTOMS | SKELETON |
| PRIEST-KING | FIELDS | ARTISTIC |
| GOODS | CRAFTED | SHIPS |
| CELEBRATION | JEWELERS | LITERATE |
| EXAMINED | DOMINIONS | CHURN |
| CRAFTS | UTENSILS | WANDERING |

# Puzzle # 24

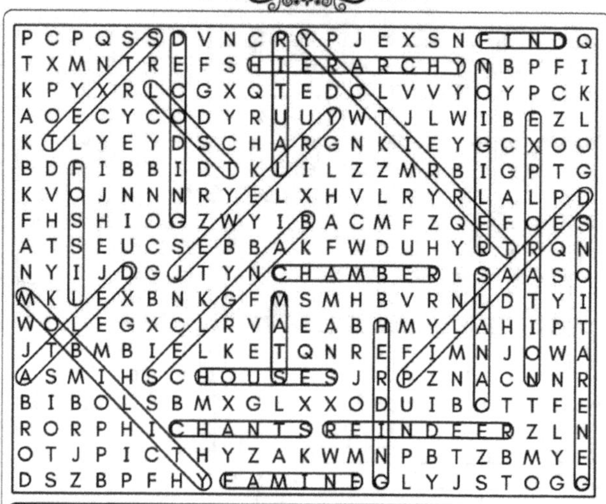

| EXPLORATION | HOUSES | TEXTS |
| --- | --- | --- |
| FAMINE | RELIGION | TERRITORY |
| RITUAL | CHAMBER | BANGLES |
| LOST | DELTA | MATS |
| HIERARCHY | FOSSIL | REINDEER |
| JEWELRY | DECODING | CHANTS |
| FIND | CANALS | HERDING |
| GENERATIONS | PILLARED | MOBILITY |

## Puzzle # 25

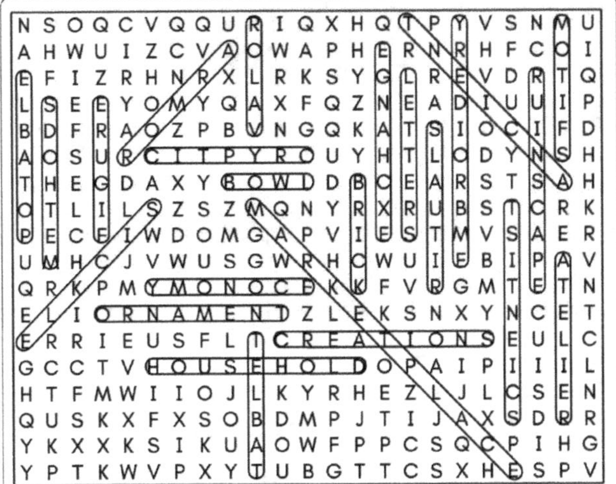

| | | |
|---|---|---|
| RUINSCAPE | ATELIER | LETTERS |
| RITUALS | CREATIONS | POTABLE |
| EMBROIDERY | MOTIFS | MARKETPLACE |
| ANCIENT | SICKLE | EXCHANGE |
| BOWL | HOUSEHOLD | ARMOR |
| METHODS | TABLET | BRICK |
| SCIENTIST | CRYPTIC | ORNAMENT |
| FIGURE | ECONOMY | VALOR |

## Puzzle # 26

| | | |
|---|---|---|
| STRATA | RHYTHMS | ROADS |
| NARRATIVES | EXAMINED | TRACTOR |
| BEANS | MESSAGE | STATIONED |
| CREATIONS | WATERS | MATS |
| FEMUR | SCRIPTS | SEED |
| FOODS | MARITIME | SPINDLE |
| ART | RULE | SCULPTORS |
| VAULT | BUILD | NAUTICAL |

## Puzzle # 27

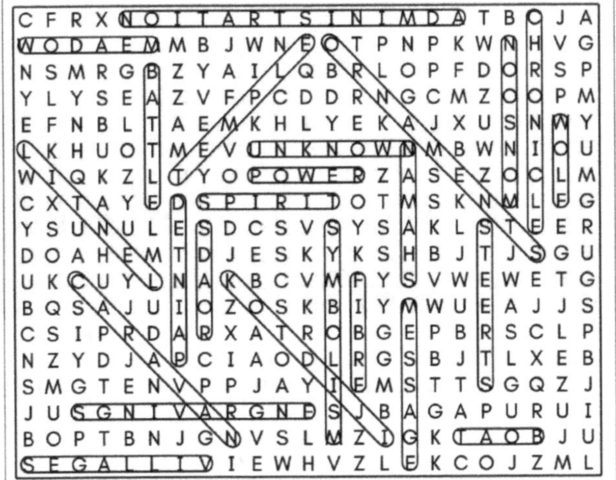

| | | |
|---|---|---|
| STREETS | MEADOW | LENTIL |
| SYMBOLISM | KOTDIJI | UNKNOWN |
| PAINTED | BOAT | CHRONICLE |
| SPIRIT | ADMINISTRATION | FIBRE |
| MESSAGE | ORNAMENTS | BATTLE |
| FLOW | ROADS | SHAMAN |
| VILLAGES | POWER | TEMPLE |
| ENGRAVINGS | MONSOON | CARAVAN |

## Puzzle # 28

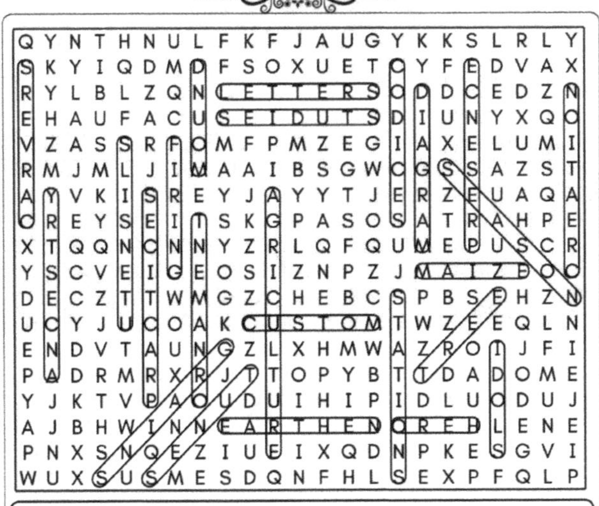

| | | |
|---|---|---|
| PRACTICES | SEASON | CARVERS |
| CUSTOM | STUDIES | TUNES |
| GRAINS | LETTERS | ANCESTRY |
| AGRICULTURE | EARTHEN | CREATION |
| TREE | MOUND | FIRING |
| MAIZE | STATIONS | HERO |
| IDOLS | DIAGRAM | ORNAMENT |
| CODICES | UTENSILS | PRESENCE |

## Puzzle # 29

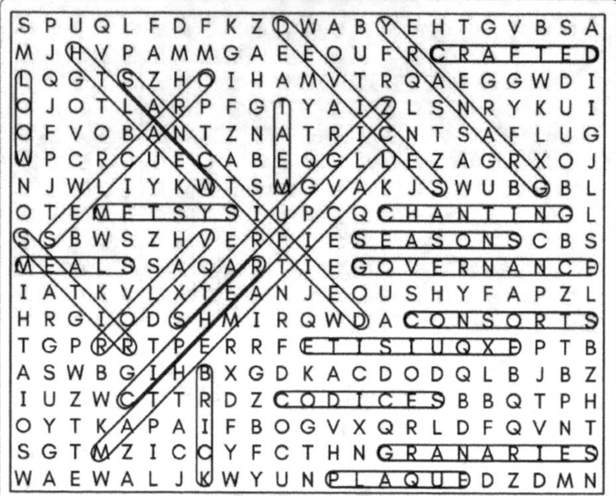

| | | |
|---|---|---|
| ZIGGURATS | SEASONS | CONSORTS |
| RITES | GOVERNANCE | DEVICES |
| GRANARIES | CIPHER | PLAQUE |
| GRANARY | WEALTH | MEAT |
| CODICES | MATHEMATICAL | SANCTIFIED |
| CHANTING | MEALS | CRAFTED |
| BRICK | SYSTEM | WOOL |
| ORACLES | EXQUISITE | VALOR |

## Puzzle # 30

| | | |
|---|---|---|
| URBAN | FISH | TEXTILE |
| ORAL | ECONOMY | PIPES |
| CREATION | TRADERS | TERRA-COTTA |
| FIND | GROUPING | MEALS |
| INHERITED | FORMATION | ATELIER |
| CREATIVITY | TRANSPORT | FAMINE |
| HOUSEHOLD | DRUM | TRADITIONS |
| CODICES | IDOLS | SAIL |

## Puzzle # 31

| | | |
|---|---|---|
| EXCAVATION | FIRING | SCULPTED |
| COMPARTMENT | SCULPTURES | SANCTIFIED |
| CHURN | WORKSHOPS | NECKLACES |
| EXPLORATION | HARVEST | CREATION |
| BLOCK | COLUMNS | SPEAR |
| HOLY | WORSHIP | CHAMBER |
| POLITICS | MAGNIFICENT | MOLDING |
| WEAVING | MOUND | WANDERING |

## Puzzle # 32

| | | |
|---|---|---|
| LIONESS | GRAINS | MATS |
| MURALS | ARTISANS | FIRING |
| MYSTERIES | MASONRY | TOKENS |
| HIDDEN | EARTHEN | SPINNING |
| TRADITION | MOUND | DOMINIONS |
| PROPHETS | NAVIGATION | CHAABAN |
| ARCHITECTURE | MELODIES | EFFIGIES |
| CLAN | MARKS | UNKNOWN |

## Puzzle # 33

| ARTIFACTS | HYMNS | SKELETON |
|---|---|---|
| IMPORTS | MYSTERY | PORRIDGE |
| STATIONS | ANTIQUITY | COLUMNS |
| RELICS | PAINTERS | MARK |
| JEWELS | ASTRONOMICAL | BOWLS |
| CEREMONY | HONOR | BATH |
| ANCIENT | INLAY | INSCRIBING |
| MASTERPIECES | BALAKOT | HARBORS |

## Puzzle # 34

| DISCOVER | RAINFALL | CONSORTS |
|---|---|---|
| ALPHABET | SUTKAGENDOR | SPEAR |
| CURD | HOMES | STELEE |
| BARTER | TECHNIQUES | EMBROIDERY |
| ANNOTATION | BEADS | VALIANT |
| DECORATIONS | MEALS | ARCHETYPES |
| STUDIES | SOWING | BEANS |
| COMMODITIES | IVORY | WANDERING |

## Puzzle # 35

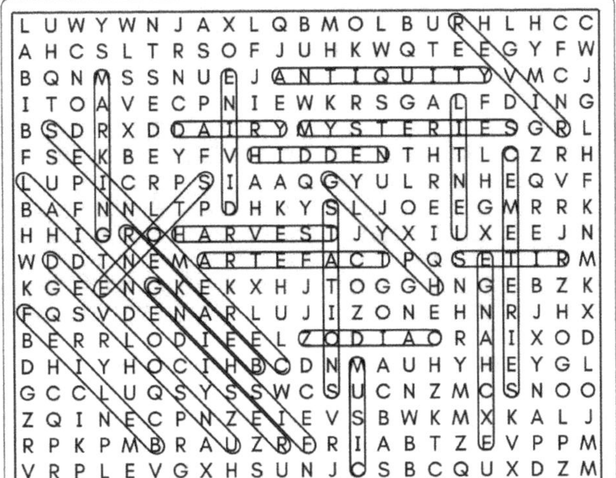

| HIDDEN | ZODIAC | MUSIC |
|---|---|---|
| GLYPH | ANTIQUITY | RESIDENTIAL |
| ARTEFACT | RIVER | RITES |
| STONE | DAIRY | FISHING |
| MARKING | BEAKER | HARVEST |
| MYSTERIES | STATIONS | CEMETERIES |
| CEREMONIES | LENTIL | DIVINE |
| EXCHANGE | BELIEF | UNSOLVED |

## Puzzle # 36

| STRUCTURE | CHANT | EMBROIDERY |
|---|---|---|
| AMULETS | RELIGION | CIVIL |
| CLEANSING | LORE | GOVERNANCE |
| BAZAAR | TRIBUTARIES | POT |
| CACHE | STATUS | SOIL |
| DRUM | HIEROGLYPHS | ASTRONOMERS |
| BELIEFS | FERTILE | GRANARIES |
| CUSTOM | SETTLEMENT | OCEAN |

## Puzzle # 37

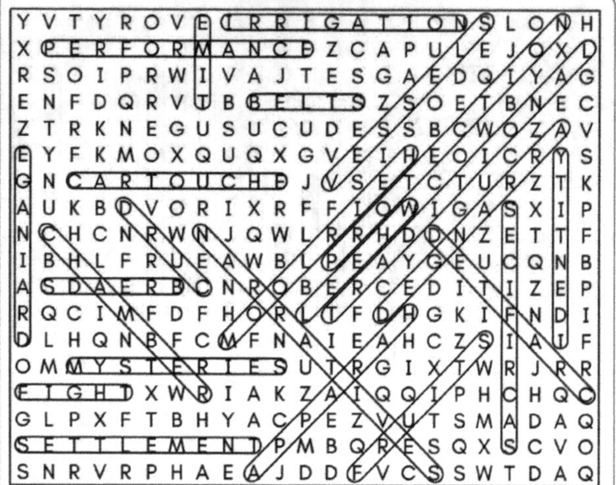

| HARAPPA | IRRIGATION | BREADS |
| CHAMBER | ARRANGED | VESSELS |
| WHEEL | SACRIFICES | CRAFTED |
| TIME | PROTECTION | FRUITS |
| CARTOUCHE | SETTLEMENT | PERFORMANCE |
| HEIRLOOM | MYSTERIES | NARRATIVES |
| DRAINAGE | FIGHT | CURD |
| IDENTITY | BELTS | TRADITIONAL |

## Puzzle # 38

| BANAWALI | VILLAR | POTTER |
| COMMUNICATION | WATER | FIGHT |
| PLOUGH | ROUTINE | RIB |
| UNCOVER | CONDUITS | GUIDANCE |
| FEATHER | SYMBOLS | ICONIC |
| PUZZLES | SPIRITS | SKELETON |
| MYSTERY | SOLVENT | MAGNIFICENT |
| STYLUS | TRADITION | TENTS |

## Puzzle # 39

| RELICS | CROPS | MUSIC |
| ORACLE | SCRIBES | SPEAR |
| BROOCHES | MOLD | CHAABAN |
| SETTLEMENTS | DOMINIONS | ORATORY |
| COMMUNES | BONES | VALIANT |
| RAINFALL | IDENTITY | CHAMPI |
| MAP | CONSTRUCTIONS | MOLDS |
| ORAL | MARKS | BOATS |

## Puzzle # 40

| DIGS | WALLS | PRIESTS |
| LOGOGRAMS | SCRIPT | CROP |
| STEW | CURRENCY | COMMUNES |
| SCIENTIST | ANOINTMENT | PILGRIMAGE |
| DECODE | HOUSEHOLDS | CAMELS |
| EARTHEN | OFFERINGS | ORAL |
| GREATBATH | PROSPERITY | BARLEY |
| CARAVANS | IMPLEMENTS | CAMPS |

## Puzzle # 41

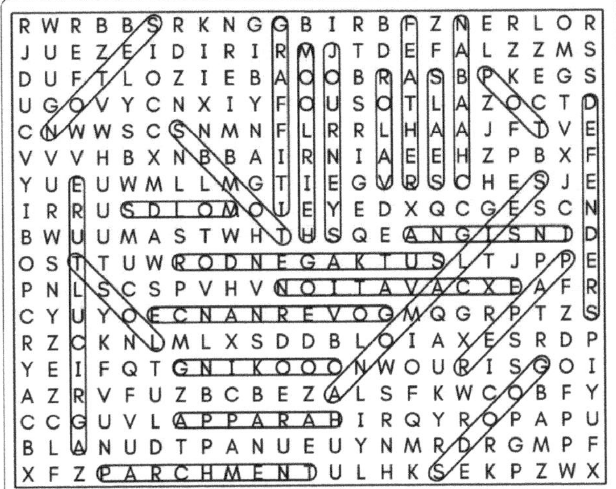

| | | |
|---|---|---|
| HARAPPA | MOLDS | PAPER |
| CHAABAN | LOST | ANOMALIES |
| POT | INSIGNA | GOVERNANCE |
| EXCAVATION | HEIRLOOM | GOODS |
| COOKING | SEALS | VALOR |
| NOTES | FEATHER | SUTKAGENDOR |
| TOMBS | PARCHMENT | JOURNEYS |
| GRAFFITI | AGRICULTURE | DEFENDERS |

## Puzzle # 42

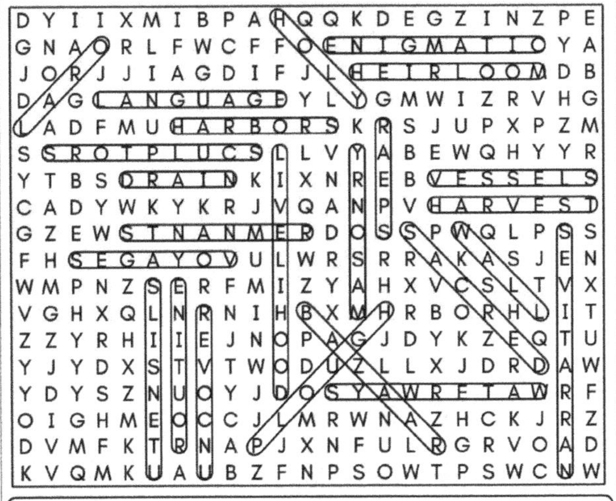

| | | |
|---|---|---|
| REMNANTS | LIVELIHOOD | SCULPTORS |
| MASONRY | DRAIN | HARBORS |
| HARVEST | ROUTINE | ORAL |
| UNCOVER | ENIGMATIC | HOLY |
| WALL | WATERWAYS | VOYAGES |
| PLOUGH | SACRED | NARRATIVES |
| BAZAAR | SPEAR | HEIRLOOM |
| LANGUAGE | UTENSILS | VESSELS |

## Puzzle # 43

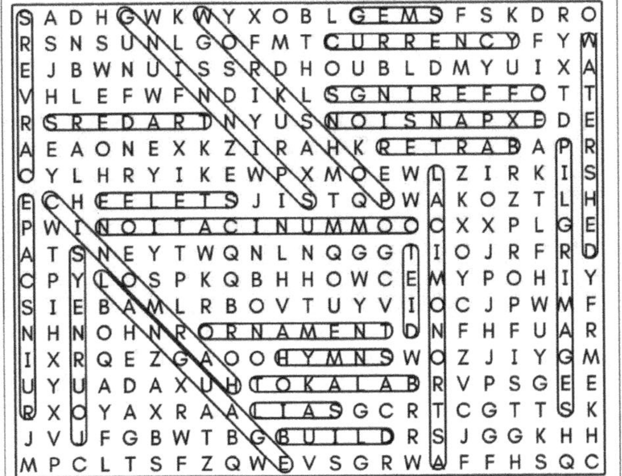

| | | |
|---|---|---|
| RUINSCAPE | DIET | SPINNING |
| COMMUNICATION | BALAKOT | EXPANSION |
| CARVERS | CURRENCY | GEMS |
| BARTER | PILGRIMAGES | OFFERINGS |
| LANGUAGE | BUILD | SAIL |
| ORNAMENT | JOURNEYS | STELEE |
| ASTRONOMICAL | WATERSHED | HYMNS |
| TRADERS | WORKSHOP | HARMONIC |

## Puzzle # 44

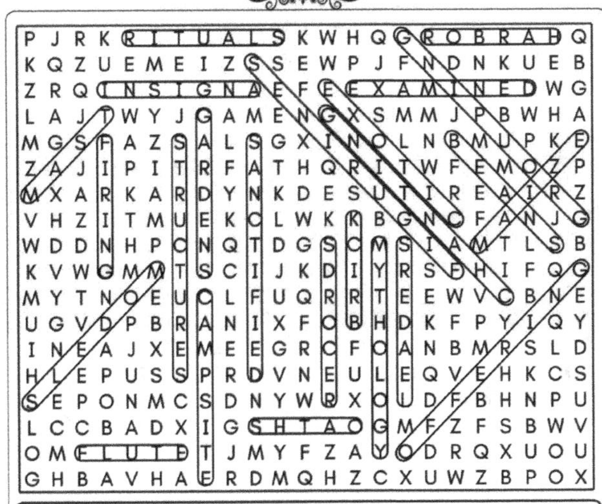

| | | |
|---|---|---|
| STRUCTURES | CHANTING | MAIZE |
| MAST | RITUALS | SANCTIFIED |
| OATHS | MODELS | INSIGNA |
| EXAMINED | FIRING | GROUPING |
| EXOTIC | LEADERS | HARBOR |
| FLUTE | BEANS | RECORDS |
| BRICK | FIGURINES | OFFERING |
| GARDENS | MYTHOLOGY | CAMPSITE |

# Puzzle # 45

| | | |
|---|---|---|
| BURIALS | TRIBUTARIES | SPELLS |
| TESTIMONY | TABLETS | SHELLS |
| RECIPES | STATIONS | GANWERIWALA |
| SCIENTIST | RULERS | ANCESTRAL |
| SKELETONS | LINKS | SEAFARERS |
| BOWLS | SHRINES | BALAKOT |
| FOSSILS | REGAL | MYTHICAL |
| SILK | ASTRONOMERS | MOBILITY |

# Puzzle # 46

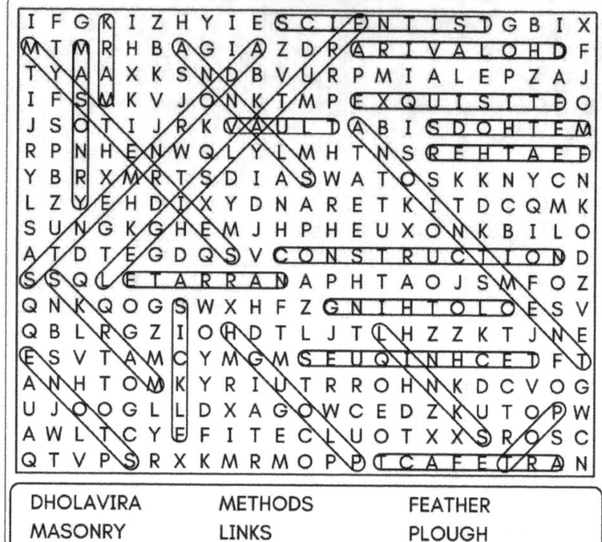

| | | |
|---|---|---|
| DHOLAVIRA | METHODS | FEATHER |
| MASONRY | LINKS | PLOUGH |
| MYSTERIES | LEGISLATURE | ANNALS |
| SCIENTIST | ANOINTMENT | CLOTHING |
| CONSTRUCTION | EXQUISITE | SICKLE |
| POT | MARK | NARRATE |
| STONE | TECHNIQUES | ARTEFACT |
| VAULT | MARKS | ADORNMENTS |

# Puzzle # 47

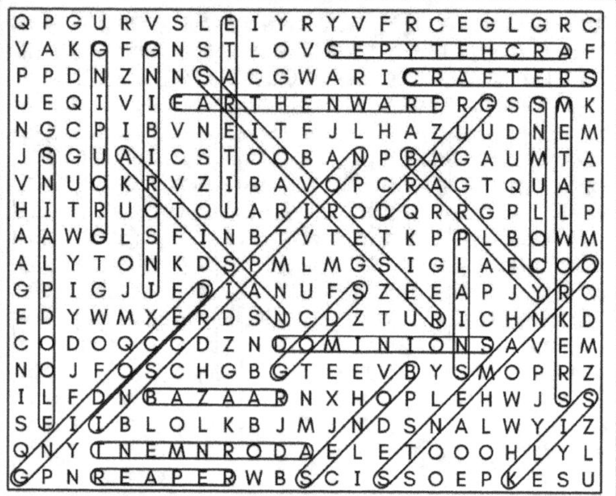

| | | |
|---|---|---|
| BAZAAR | EARTHENWARE | GODS |
| ARCHETYPES | ORNAMENTS | DOMINIONS |
| BARLEY | SILK | DECODING |
| BONES | ADORNMENT | METALWORKERS |
| INSCRIPTION | PLAINS | REAPER |
| GROUPING | ARTISAN | LITERATE |
| COLUMNS | FLOODPLAINS | CRAFTERS |
| INSCRIBING | RESERVOIRS | GUARD |

# Puzzle # 48

| | | |
|---|---|---|
| SCULPTURE | CONDUITS | MEAT |
| SKELETONS | MAP | HARBORS |
| OBSERVANCE | NAVIGATION | GENERATIONS |
| ANCIENT | CORE | CONSUMPTION |
| ABLUTIONS | VILLAGES | SHELLS |
| BROOCHES | CREATION | SKULL |
| UNCOVER | DEFENDERS | OATHS |
| INSCRIBING | WHORLS | CAMPS |

# Puzzle # 49

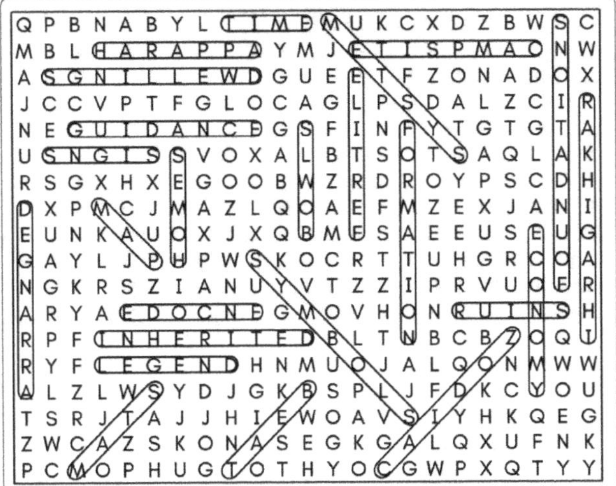

| | | |
|---|---|---|
| HARAPPA | BOWLS | ENCODE |
| FORMATION | MAP | FERTILE |
| HOMES | SYMBOLS | LEGEND |
| RUINS | GUIDANCE | SIGNS |
| RAKHIGARHI | TIME | SYSTEM |
| ZODIAC | INHERITED | ARRANGED |
| FOUNDATIONS | BEAT | MATS |
| DWELLINGS | ECONOMY | CAMPSITE |

# Puzzle # 50

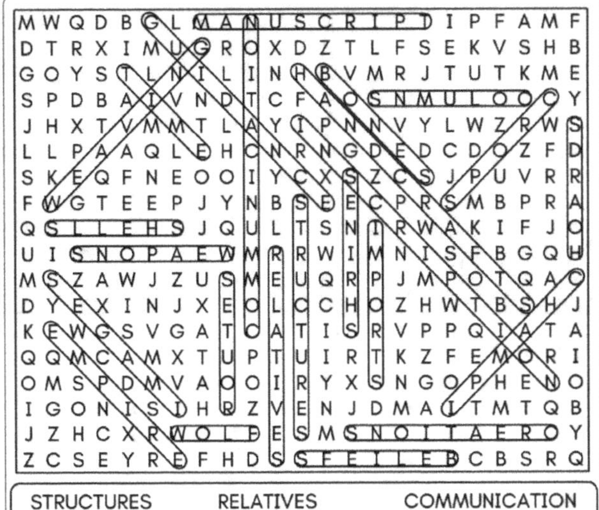

| | | |
|---|---|---|
| STRUCTURES | RELATIVES | COMMUNICATION |
| WEAPONS | BELIEFS | CROPS |
| ROUTES | CHAMPI | EMPIRE |
| CREATIONS | SHRINES | MANUSCRIPT |
| HOARDS | BONES | FLOW |
| WEAVING | IMAGES | IMPORTS |
| TIME | GUIDANCE | INSCRIPTION |
| HANDCRAFTS | COLUMNS | SHELLS |

# Puzzle # 51

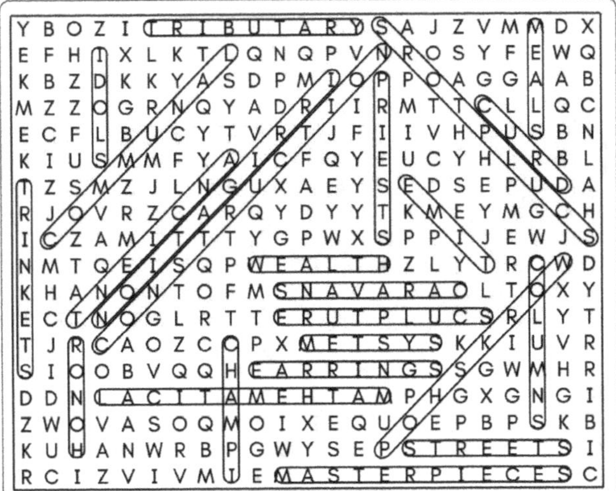

| | | |
|---|---|---|
| STREETS | TRINKETS | MEALS |
| MASTERPIECES | TIME | SYSTEM |
| CURD | CONSTRUCTION | WORKSHOP |
| SCULPTURE | IRRIGATION | PRIESTS |
| CHAMPI | IDOLS | TRIBUTARY |
| EARRINGS | CARAVANS | MATHEMATICAL |
| ANCIENT | WEALTH | SCULPTORS |
| HONOR | COLUMNS | COMMUNAL |

# Puzzle # 52

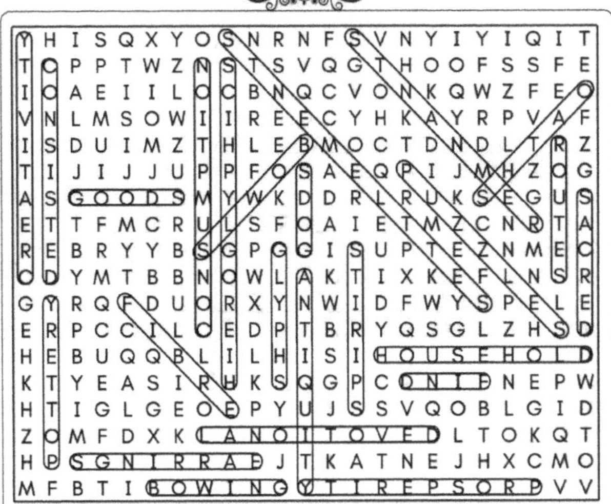

| | | |
|---|---|---|
| SETTLEMENTS | OATHS | CREATIVITY |
| ROUTES | HOUSEHOLD | BOWING |
| CONSUMPTION | SACRED | GLYPHS |
| REMNANTS | EARRINGS | FIBRE |
| GOODS | POTTERY | PUZZLES |
| CONSISTED | SPIRITS | HIEROGLYPHICS |
| FIND | PROSPERITY | BOWLS |
| GODS | ANTIQUITY | DEVOTIONAL |

## Puzzle # 53

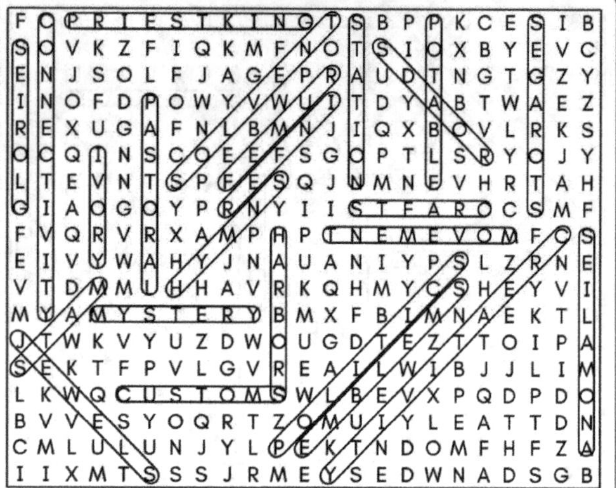

| | | |
|---|---|---|
| PRIEST-KING | ANOMALIES | CUSTOMS |
| EMBLEMS | INFER | HARBORS |
| STORAGES | MATS | IVORY |
| MYSTERY | SOLVENT | HYMNS |
| STATION | CONNECTIVITY | PASTORAL |
| GLORIES | CRAFTS | FEMUR |
| POLITICS | POTABLE | CREATIVITY |
| ROADS | JEWELS | MOVEMENT |

## Puzzle # 54

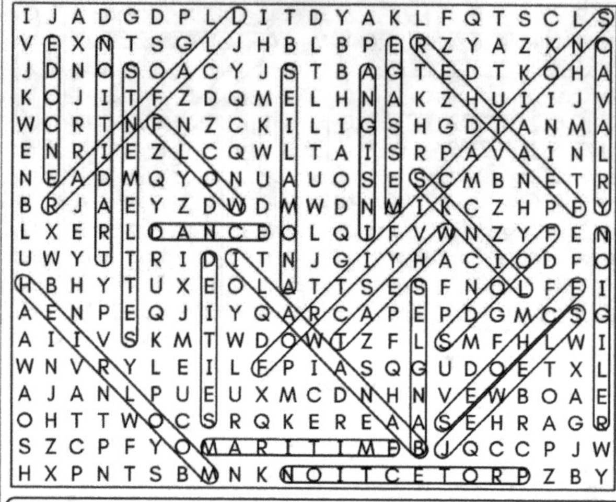

| | | |
|---|---|---|
| BANAWALI | HEIRLOOM | FEATHER |
| TRADITION | LINKS | ANOMALIES |
| FOODS | ENCODE | DANCE |
| SETTLEMENTS | RAINFALL | MARITIME |
| DEITIES | JEWELS | CAVALRY |
| FORTIFICATIONS | MESSAGE | ECHOES |
| RELIGION | FLOW | WHEAT |
| INSIGNA | BANGLES | PROTECTION |

## Puzzle # 55

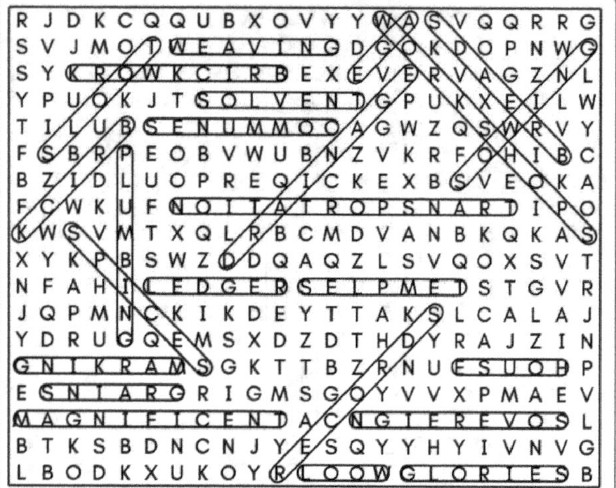

| | | |
|---|---|---|
| AGE | GLORIES | WORKSHOPS |
| MARKING | TOOLS | PLUMBING |
| BREADS | SPICES | BRICKWORK |
| DRAINAGE | MAGNIFICENT | TEMPLES |
| LEDGER | BRICK | SOWING |
| WOOL | WEAVING | RECORDS |
| HOUSE | SOVEREIGN | GRAINS |
| TRANSPORTATION | COMMUNES | SOLVENT |

## Puzzle # 56

| | | |
|---|---|---|
| BAZAAR | WHEEL | FARMING |
| TABLET | NECKLACES | SECRETS |
| CHANT | DECODE | CUSTOM |
| CRAFT | PROSPERITY | BOWLS |
| COMMUNICATION | COOKING | GUARDS |
| PIPES | BAZAARS | MOTIFS |
| COLUMNS | UNKNOWN | FORTIFICATIONS |
| LETTER | PRIEST | OCEAN |

## Puzzle # 57

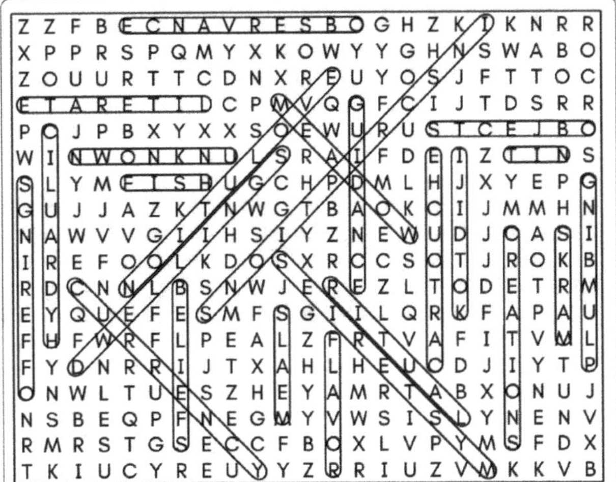

| | | |
|---|---|---|
| INSCRIPTIONS | OBSERVANCE | OFFERINGS |
| OBJECTS | KOTDIJI | PLUMBING |
| FISH | CURRENCY | TIN |
| CREATIONS | GUIDANCE | RITUAL |
| CARTOUCHE | DWELLINGS | EVOLUTION |
| FLAVOR | MEALS | MARKS |
| BELIEFS | MEADOW | MYSTERIES |
| LITERATE | HYDRAULIC | UNKNOWN |

## Puzzle # 58

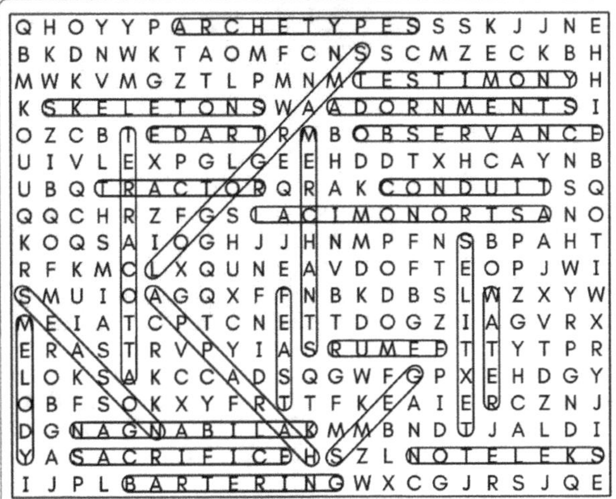

| | | |
|---|---|---|
| HARAPPA | FEAST | ARCHETYPES |
| TESTIMONY | TRADE | MELODY |
| TEXTILES | SKELETON | GEMS |
| KALIBANGAN | SACRIFICE | MERCHANTS |
| SKELETONS | ASTRONOMICAL | TRACTOR |
| SEASON | LOGOGRAMS | TERRA-COTTA |
| CONDUIT | OBSERVANCE | BARTERING |
| FEMUR | WATER | ADORNMENTS |

## Puzzle # 59

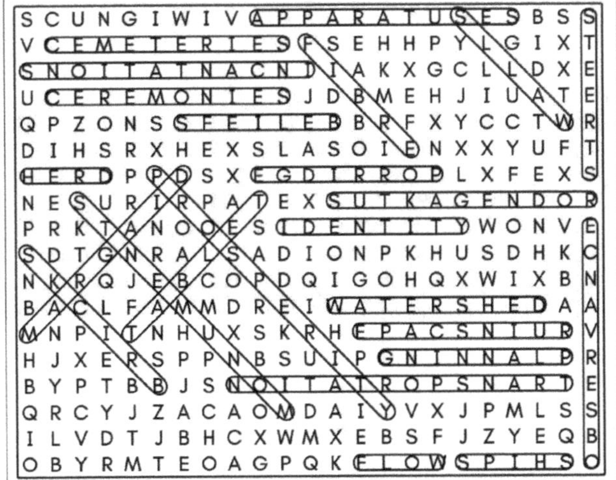

| | | |
|---|---|---|
| STREETS | OBSERVANCE | INCANTATIONS |
| CEMETERIES | BELIEFS | PROSPERITY |
| WALLS | IDENTITY | MONUMENTS |
| RUINSCAPE | WATERSHED | PORRIDGE |
| APPARATUSES | CEREMONIES | SHIPS |
| DIAGRAM | TRANSPORTATION | BRICKS |
| PLANNING | FLOW | FIBRE |
| TABLET | SUTKAGENDOR | HERD |

## Puzzle # 60

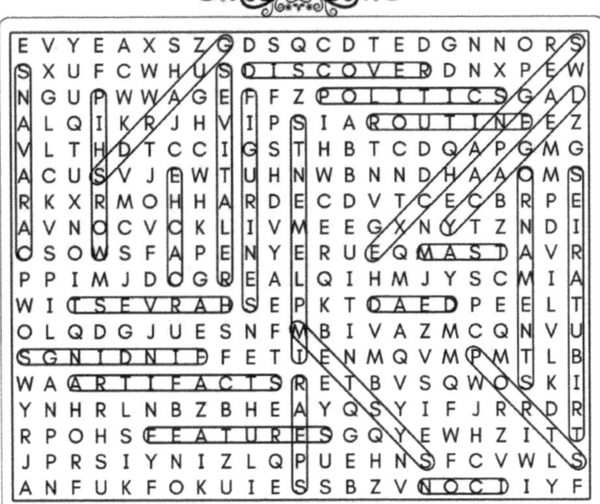

| | | |
|---|---|---|
| ARTIFACTS | TRIBUTARIES | MAST |
| LEGACY | DEAD | GUARDS |
| WORSHIP | EXCHANGES | ORNAMENTS |
| DISCOVER | HARVEST | RELATIVES |
| ICON | IMPLEMENTS | SPEAR |
| FIGURINES | PORTS | CACHE |
| POLITICS | SYSTEM | ROUTINE |
| CARAVANS | FINDINGS | FEATURES |

## Puzzle # 61

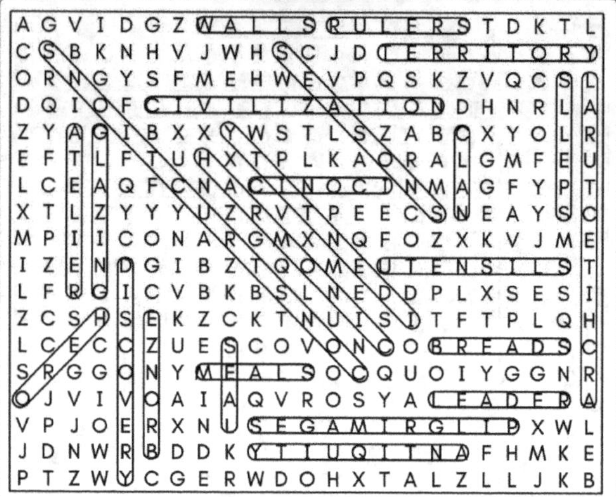

| | | |
|---|---|---|
| DISCOVERY | TERRITORY | PILGRIMAGES |
| IDENTITY | ANTIQUITY | ARCHITECTURAL |
| SEASONS | BREADS | HERO |
| CIVILIZATION | RULERS | GLAZING |
| MEALS | UTENSILS | ICONIC |
| LEADER | WALLS | SEAL |
| BRONZE | CONSTRUCTIONS | ATELIER |
| SPELLS | CLAN | HARMONIC |

## Puzzle # 62

| | | |
|---|---|---|
| TOMBS | FLOODPLAINS | SPELLS |
| STELEE | SYMBOLS | HARVEST |
| RICE | DECODE | NARRATE |
| HISTORY | CROPS | RITUAL |
| SYMBOLISM | PLAQUE | PLUMBING |
| SEASON | ROADS | FEMUR |
| RAKHIGARHI | FLOW | JEWELERS |
| CONCEAL | ORACLE | HARBORS |

## Puzzle # 63

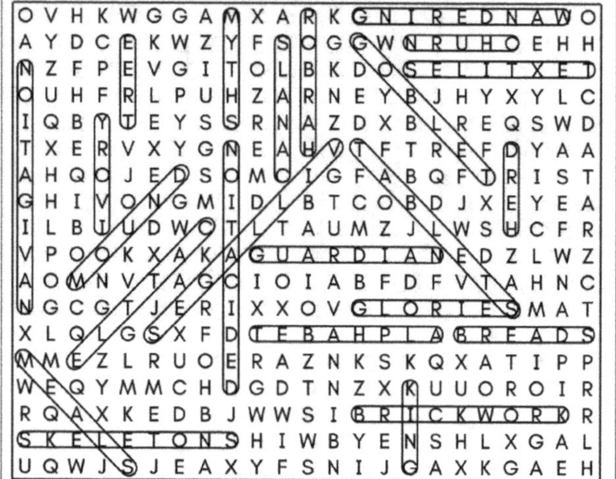

| | | |
|---|---|---|
| TABLETS | GLORIES | TEXTILES |
| TREE | IVORY | HARBOR |
| DEDICATION | MEALS | BRICKWORK |
| VILLAGES | KING | BREADS |
| ALPHABET | GOBLET | HERD |
| CANALS | GUARDIAN | SKELETONS |
| MOUND | CATTLE | CHURN |
| NAVIGATION | MYTHS | WANDERING |

## Puzzle # 64

| | | |
|---|---|---|
| UNEARTHED | CEREMONIAL | KILNS |
| GEMS | EXAMINED | SEASONS |
| HERDING | MOLD | ARCHITECTURES |
| CREATIONS | PATHWAYS | SIGNS |
| SKULL | RESIDUE | EXPANSION |
| WORKSHOPS | VAULT | GOLD |
| DOMESTIC | STREET | RIVER |
| CLAY | LINKS | SITES |

## Puzzle # 65

| | | |
|---|---|---|
| HISTORY | EARTHEN | ROUTES |
| DANCE | LEGEND | PUZZLES |
| FABRIC | ARCHETYPES | SCRIBES |
| SOCIETY | FLOODPLAINS | TRANSPORTATION |
| HONOR | IMPLEMENTS | DEFENSE |
| PORRIDGE | MERCHANTS | RAKHIGARHI |
| BELIEFS | TRIBUTARIES | FOOD |
| SKELETONS | ANIMAL | MOVEMENT |

## Puzzle # 66

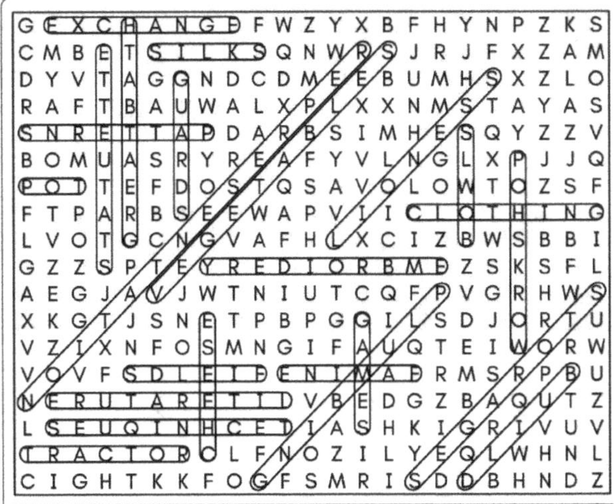

| | | |
|---|---|---|
| LIONESS | STORAGES | EMBROIDERY |
| EXCHANGE | BUILD | PLUMBING |
| CHEESE | GAMES | REPRESENTATION |
| GREATBATH | FIELDS | POT |
| SILKS | WORKSHOP | TRACTOR |
| BOWLS | PATTERNS | LITERATURE |
| STATUETTE | TECHNIQUES | VEGETABLES |
| CLOTHING | FAMINE | GUARDS |

## Puzzle # 67

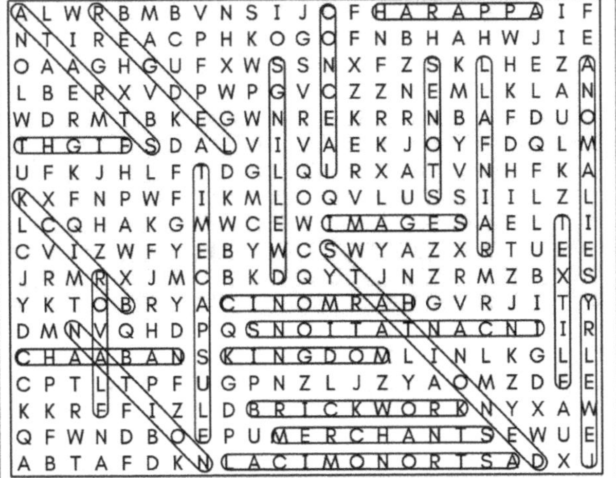

| | | |
|---|---|---|
| HARAPPA | NATION | MERCHANTS |
| CHAABAN | BRICK | ANOMALIES |
| JEWELRY | CONCEAL | STATIONED |
| STRATA | RAINFALL | TEXTILE |
| BRICKWORK | ASTRONOMICAL | FIGHT |
| FLAVOR | LEDGER | STONES |
| TIME-CAPSULE | KINGDOM | INCANTATIONS |
| IMAGES | DWELLINGS | HARMONIC |

## Puzzle # 68

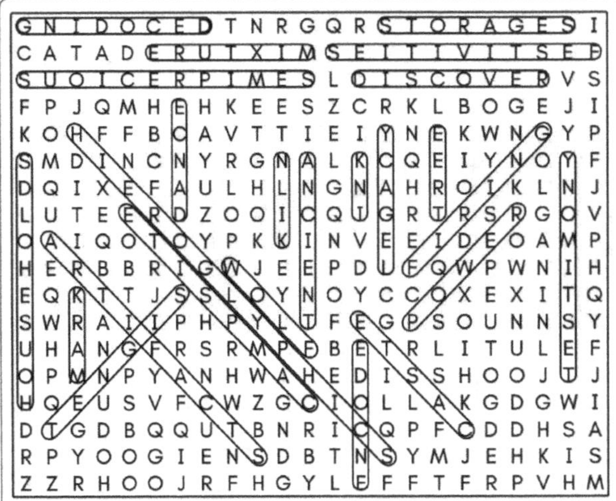

| | | |
|---|---|---|
| ARTIFACTS | MIXTURE | DECODING |
| CASTE | HOUSEHOLDS | FLOW |
| INK | TREE | TESTIMONY |
| ANCIENT | STORAGES | MARK |
| KILN | SEMI-PRECIOUS | POWER |
| FESTIVITIES | SIGNET | LEGACY |
| DISCOVER | FIRING | ENCODE |
| HIEROGLYPHICS | DANCE | CAMPSITE |

## Puzzle # 69

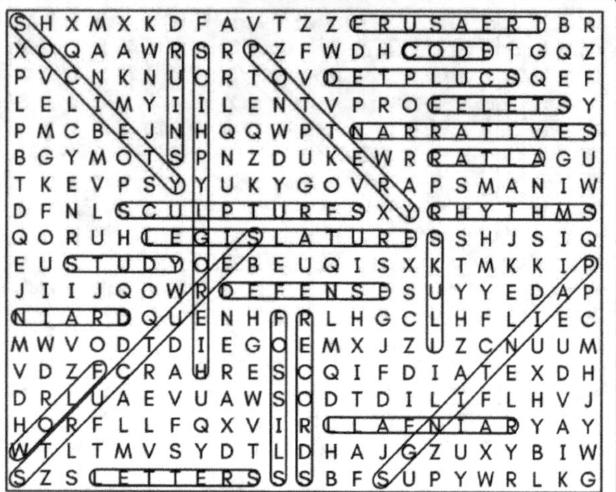

| | | |
|---|---|---|
| RUINS | SCULPTED | STELEE |
| SCULPTURES | TREASURE | RAINFALL |
| LETTERS | LEGISLATURE | POTTERY |
| STRUCTURES | PAINTINGS | CODE |
| NARRATIVES | FOSSILS | FLOW |
| ALTAR | HIEROGLYPHICS | DRAIN |
| STUDY | RHYTHMS | RECORDS |
| SKULL | SOCIETY | DEFENSE |

## Puzzle # 70

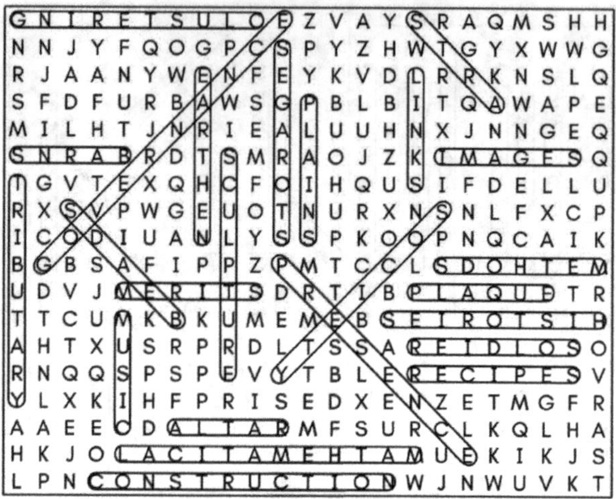

| | | |
|---|---|---|
| SCULPTURE | CLUSTERING | ALTAR |
| CONSTRUCTION | GOVERNANCE | PRESENCE |
| EARTHEN | MUSIC | BEADS |
| SOCIETY | BARNS | RECIPES |
| PLAINS | MATHEMATICAL | SOLDIER |
| STORAGES | ARTS | PLAQUE |
| LINKS | TRIBUTARY | METHODS |
| IMAGES | MERITS | HISTORIES |

## Puzzle # 71

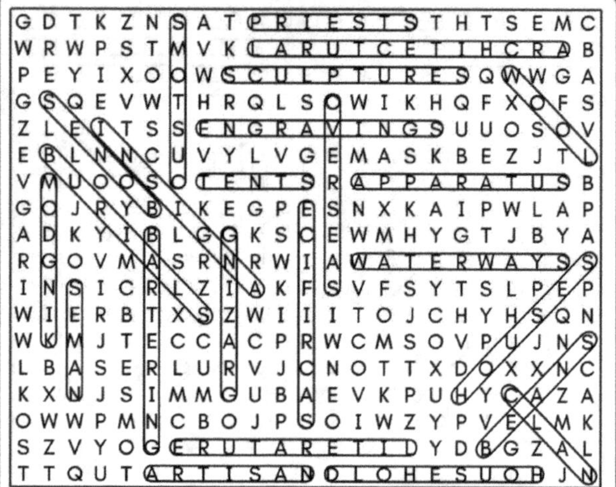

| | | |
|---|---|---|
| BURIALS | KINGDOM | PRIESTS |
| LITERATURE | BONES | ARCHITECTURAL |
| HOUSES | CUSTOMS | INSIGNA |
| HOUSEHOLD | APPARATUS | BEANS |
| OVERSEAS | WATERWAYS | TENTS |
| SACRIFICE | ARTISAN | ENGRAVINGS |
| SCULPTURES | NAMES | WOOL |
| BARTERING | CLAN | GRAZING |

## Puzzle # 72

| | | |
|---|---|---|
| DIGGING | CARVERS | LITERATURE |
| LORE | WATERWAYS | RAWARI |
| EXPORTS | COMMUNICATION | EXCAVATED |
| STATUETTE | BEAT | INSCRIPTION |
| CARVING | RINGS | DOMINANCE |
| PRIESTS | ENGRAVINGS | MYTHS |
| LIFE | EARRINGS | PAPER |
| CHAMBER | HOARDS | PRESENCE |

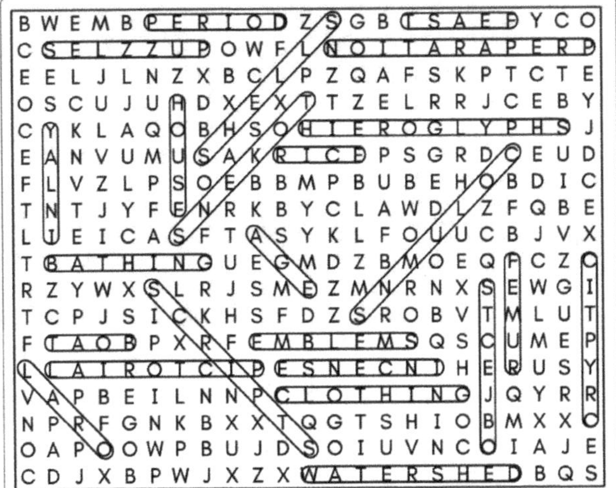

| | | |
|---|---|---|
| PERIOD | FEAST | BOAT |
| ORAL | HOUSE | PUZZLES |
| RICE | PICTORIAL | TOKENS |
| AGE | INCENSE | CLOTHING |
| FEMUR | SCRIPTS | CRYPTIC |
| PREPARATION | HIEROGLYPHS | OBJECTS |
| BATHING | WATERSHED | INLAY |
| EMBLEMS | COLUMNS | SHELLS |



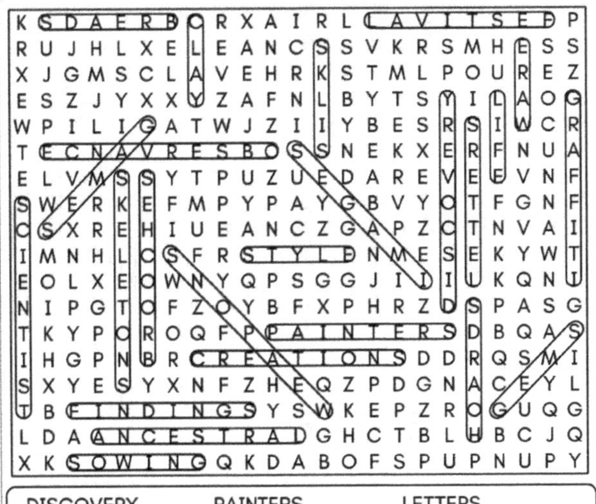

| | | |
|---|---|---|
| DISCOVERY | PAINTERS | LETTERS |
| GRAFFITI | LIFE | STYLE |
| FESTIVAL | WARE | WEAPONS |
| SCIENTIST | BREADS | SILKS |
| SKELETONS | FINDINGS | BROOCHES |
| ANCESTRAL | IMAGES | HOARDS |
| CREATIONS | OBSERVANCE | GAMES |
| CLAY | GEMS | SOWING |



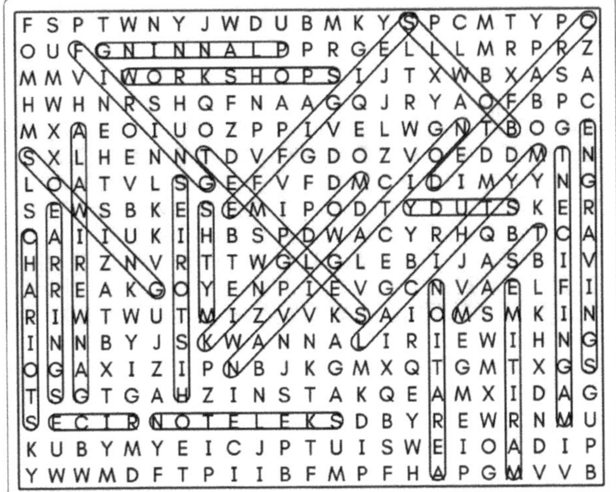

| | | |
|---|---|---|
| STUDY | EARRINGS | EFFIGIES |
| MARITIME | CRAFTED | SOWING |
| BOWLS | WORKSHOPS | SKELETON |
| PLANNING | MAGNIFICENT | MYTHICAL |
| NAVIGATION | MYTHS | CHARIOTS |
| FIRING | TEMPLES | ENGRAVINGS |
| GANWERIWALA | KINGDOM | RICE |
| MAST | AERATION | HISTORIES |



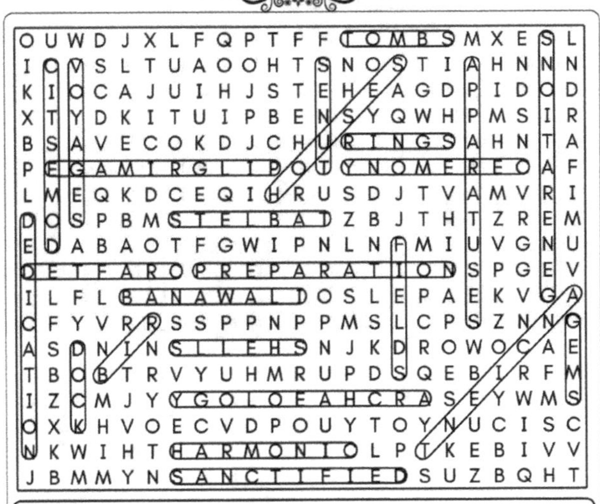

| | | |
|---|---|---|
| BANAWALI | TUNES | CEREMONY |
| CRAFTED | ANCIENT | VOYAGES |
| HOUSES | APPARATUSES | GEMS |
| ARCHAEOLOGY | FIELDS | PILGRIMAGE |
| GENERATIONS | DOMESTIC | SHELLS |
| DEDICATION | DOCK | RINGS |
| TOMBS | SANCTIFIED | PREPARATION |
| RIB | TABLETS | HARMONIC |

## Puzzle # 77

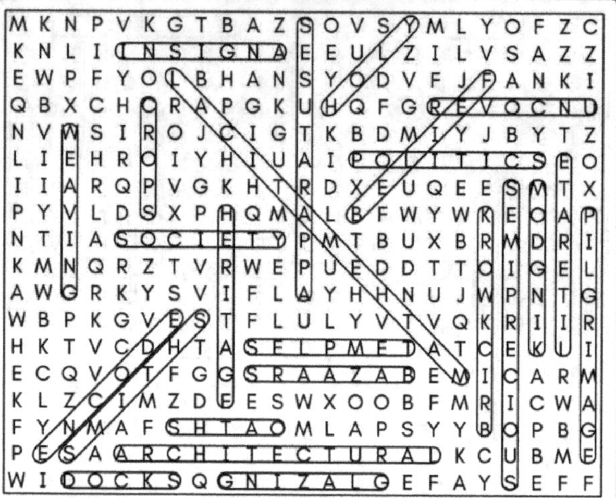

| UNCOVER | HOLY | WEAVING |
|---|---|---|
| APPARATUSES | HERITAGE | KINGDOM |
| SMITHS | LITERATE | BELIEF |
| SOCIETY | GLAZING | TEMPLES |
| INSIGNA | MATHEMATICAL | ARCHITECTURAL |
| OATHS | BAZAARS | BRICKWORK |
| POLITICS | CROPS | PILGRIMAGE |
| ENCODE | SEMI-PRECIOUS | DOCKS |

## Puzzle # 78

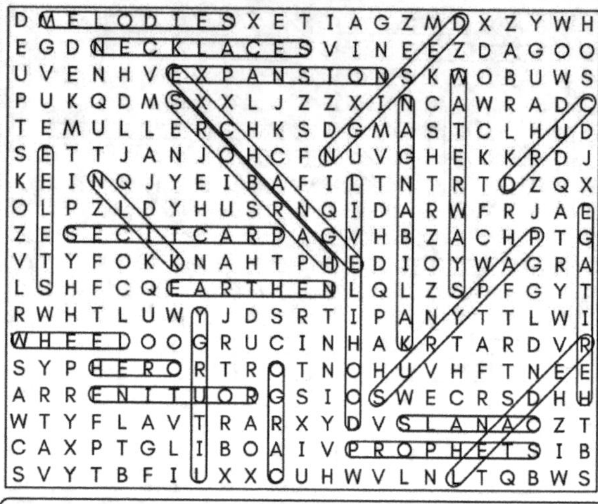

| KALIBANGAN | CANALS | CURD |
|---|---|---|
| STELEE | WATERWAYS | LIVELIHOOD |
| WHEEL | ROUTINE | LITURGY |
| PRACTICES | EXPANSION | EARTHEN |
| PAPYRUS | NECKLACES | CARGO |
| DESIGN | PROPHETS | KILN |
| HERITAGE | LEADER | MELODIES |
| EXCHANGE | HERO | HARBORS |

## Puzzle # 79

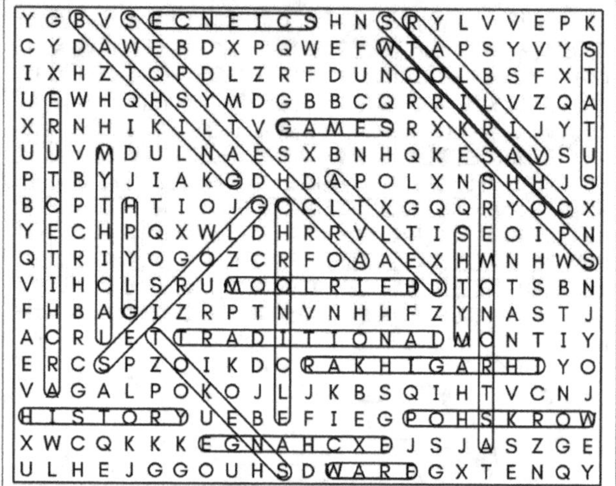

| HISTORY | HEIRLOOM | GLYPH |
|---|---|---|
| TOKENS | ARCHITECTURE | VILLAR |
| WORKSHOPS | WARE | WORKSHOP |
| BATHING | DELTA | EXCHANGE |
| MYTHS | ASTRONOMERS | CHARIOTS |
| MYTHICAL | ARCHETYPES | SCIENCE |
| STATUS | GLORIES | GAMES |
| CHRONICLE | RAKHIGARHI | TRADITIONAL |

## Puzzle # 80

| TOOLS | SYSTEM | STREET |
|---|---|---|
| SKELETONS | FINDINGS | VALIANT |
| EMBELLISHMENTS | PILGRIMAGE | ANNALS |
| SPIRIT | LIVELIHOOD | FLUTE |
| CODE | GEMS | CARAVAN |
| WATERSHED | MAIZE | KILN |
| RITUALS | SOLDIER | BROOCHES |
| BAZAARS | HERO | PERFORMANCE |